东北全面振兴 辽宁三年行动研究丛书

TWO-WAY EFFORTS

"双向奔赴"

辽宁央地合作的底层逻辑及治理

王世权 著

东北财经大学出版社

Dongbei University of Finance & Economics Press

大连

图书在版编目（CIP）数据

"双向奔赴"：辽宁央地合作的底层逻辑及治理／王世权著. 一大连：东北
财经大学出版社，2024.12. 一（东北全面振兴·辽宁三年行动研究丛书）.
ISBN 978-7-5654-5451-6

Ⅰ.D673.1

中国国家版本馆CIP数据核字第2024SN6096号

东北财经大学出版社出版发行

　　大连市黑石礁尖山街217号　邮政编码　116025

　　网　　址：http://www.dufep.cn

　　读者信箱：dufep@dufe.edu.cn

大连图腾彩色印刷有限公司印刷

幅面尺寸：170mm×240mm　字数：133千字　印张：12.25
2024年12月第1版　　　　　2024年12月第1次印刷
责任编辑：李　季　刘　佳　　责任校对：王芃南
封面设计：张智波　　　　　　版式设计：原　皓
定价：59.00元

前　言

　　辽宁省地处东北亚经济圈和环渤海经济圈关键地带，位于东北经济区南部核心位置，通关达海，具有得天独厚的地理优势，对东北地区经济发展具有较强辐射力、带动力和影响力。作为"共和国长子"、新中国工业的摇篮，辽宁始终与时代同步、与祖国同行，为中国改革开放和现代化建设作出过历史性重大贡献。当前，辽宁正完整准确全面贯彻新发展理念，为打造国家重大战略支撑地、重大技术创新策源地、具有国际竞争力的先进制造业新高地、现代化大农业发展先行地、高品质文体旅融合发展示范地、东北亚开放合作枢纽地，实现全面振兴而努力奋斗。

　　时值东北振兴战略实施二十周年，中共中央总书记、国家主席、中央军委主席习近平主持召开新时代推动东北全面振兴座谈会时强调："创新央地合作模式，促进央地融合发展，更好带动地方经济发展。"央地合作作为服务国家战略、推动产业升级、促进融合发展的重要抓手，是辽宁深化国资国企改革的关键一环，也是推动辽宁构建具有自身特色的现代化产业体系、助力辽宁推动全面振兴取得新突破的强有力支撑。为了"解好题、答好卷"，辽宁积极对接央企战略性新兴产业焕新行动和未来产业启航行动，创新中央企业与地方合作模式，推动中央企业与地方在资本、项目、创新、产业链、供应链等领域开展合作，更好带动地方经济发展；建立中央企业与地方合作项目省级统筹和省市县三级联动推进机制，强化要素保障，推动项目加快落地建设；建立驻辽央企信息库、央企在辽重点项目库、驻辽央企重大服务事项清单，优化政企审批流程，完善定期调度制度，完善沟通协调机制，着力提供优质高效的政务服务，营造重商新形象。借央企之"力"抓时代之"机"，辽宁央地协同发展新模式不断涌现，在央地合作的光明道路上蹄疾步稳。广大央企与辽宁双向奔赴，在辽沈大地上落地生根、开花结果。央地优势互补、协同创新、融合发展，互利共赢成果逐渐显著。

尽管辽宁省央地合作已取得了明显成效，但仍面临着一些挑战。如何进一步优化辽宁央地合作机制，促进央地合作"提质增效"，已经成为亟待深入研究和解决的问题。鉴于此，本书深入剖析辽宁省央地合作的底层逻辑，探讨央地合作治理机制与实践，总结梳理具有影响力的示范项目和可复制的典型经验，结合央企在辽领域布局特色，指明辽宁省央地合作的发力点，旨在为辽宁省乃至全国央地合作提供有益理论支撑和实践指导。

最后，感谢中共辽宁省委、辽宁省人民政府决策咨询委员会办公室的鼎力支持和东北财经大学出版社的精心策划，感谢所有为本书付出过努力和贡献的人。全书由东北大学王世权教授提出编写提纲和框架并负责内容的总体审核，王向淑、郭宇舟、李琰和冯艺同学参与资料收集整理及部分章节初稿写作。在本书撰写过程中，受数据资料来源与时间等限制，难免有疏漏和不足之处，敬请各位读者指正。期待通过本书的出版，引发更多关于央地合作的思考和讨论，为各省市央地合作带来有益借鉴和启示。

王世权

2024 年 8 月

目 录

1   **望表知里，解码央地合作的底层逻辑／1**

    1.1 理解央地合作的理论逻辑／2

    1.2 把握央地合作的时代逻辑／8

    1.3 关注央地合作的现实逻辑／14

2   **多措并举，助推辽宁走好央地合作之路／21**

    2.1 合作政策更加精准／22

    2.2 合作氛围越发浓厚／25

    2.3 合作成效越发显著／29

    2.4 合作服务更加有力／33

    2.5 合作范围和质量提升／37

3   **域外传真，央地合作先进地区经验借鉴／45**

    3.1 贵州省经验／46

    3.2 海南省经验／53

    3.3 四川省经验／59

    3.4 广东省经验／66

3.5 山东省经验／71

4 未雨绸缪，央企在辽布局领域精确识别／77

4.1 央企在辽发展领域／78

4.2 央企在辽总体布局／146

5 精准施策，辽宁央地合作仍需添火加柴／163

5.1 做好央地合作顶层设计／164

5.2 努力争取央地合作机会／168

5.3 推动央地集群化发展／173

5.4 构建央地合作新机制／175

5.5 打造协同创新生态系统／177

参考文献／181

索 引／186

1
望表知里，解码央地合作的底层逻辑

1.1 理解央地合作的理论逻辑

1.1.1 优势互补，完善资源配置

中央企业与地方的合作由来已久，广义上讲是指中央企业与地方政府的合作，狭义上是指中央企业与地方企业（如国有企业、民营企业等）的合作。其中，中央企业（"中央管理企业"的简称）是由中央人民政府或委托国有资产监督管理机构行使出资人职责，进行管理的国有企业，分布于关系国家安全和国民经济命脉的主要行业和关键领域。在 2003 年国务院国资委成立之初，国资委所管理的中央企业数量是 196 家。伴随着国有企业改革的深入，经过兼并重组、整合替代拆分等相关改革措施后，截至 2024 年 9 月，国务院国资委管理的中央企业有 97 家。中央企业作为国有企业的"主力军""排头兵"，因占有比其他类型企业更为丰富的自然资源和社会资源，具有强大的社会发展基础与丰厚的经济基础和历史积淀，在产业发展、资金获取、技术实力、人才储备、市场地位、品牌经营、企业管理及机制改革等方面的积累与经验优势明显，具备较强的资源配置能力，对当前我国经济和社会发展起到关键作用。地方企业是指管理机构是当地的各行政部门的企业，包括国有企业和民营企业等。相较于中央企业，地方企业由于内生于特定的区域，更了解当地，因此拥有相应的区位优势、政策优势、市场优势和环境优势。

中央企业与地方具备互利共赢的基础，能够实现"1+1>2"的效

应，央地合作更有助于完善各类资源配置。央地合作有利于中央企业集中利用资源，与地方企业优势互补，融入地方发展。中央企业还能利用地方丰富的资源与广阔的市场空间，以较低的成本推进资源整合和企业扩张，增强自身实力，更好地参与国际竞争。地方通过与中央企业合作，能够引进大资金、大项目，利用央企的资源和优势，充分将央企的产业链、供应链与自身资源禀赋和产业基础相适配，找准合作发力的契合点，在集聚发展要素、促进市场开拓、加快产业转型升级和结构性变革等方面继续推进。央地合作符合经济发展规律，既有助于服务国家战略、践行国家意志、履行社会责任、优化重大生产力布局，也能提升地方资源配置效率、推动地方产业转型发展、提质增效、提振经济。

1.1.2　产业协同，优化资本布局

党的二十大报告提出"构建高水平社会主义市场经济体制"，并作出"深化国资国企改革，加快国有经济布局优化和结构调整，推动国有资本和国有企业做强做优做大，提升企业核心竞争力"的重大部署。国有资本布局优化和结构调整，既是宏观层面国民经济更高质量发展的重要内容，又是中观层面行业升级创新突破的主攻任务，更是微观层面国有企业深化改革的关键目标（张欣，2023）。国家积极推动加快国有经济布局优化和结构调整的题中之义在于自觉服务国家整体重大战略，注重改革的系统性、整体性、协同性，防止出现同质化低效竞争、重复建设、资源分散等问题。例如，一段时间以来，各地建设数据中心出现"你有我有全都有"的恶性竞争局面，造成一定程度的资源浪费。数据中心固定资产投资大、周期长，彼此之间互不连

通，不仅增加了维护成本和数据之间打通复用的难度，而且几年之后推倒重建的风险很大，这就迫切要求国资国企之间加强统筹协调，积极整合资源，共同推动高质量发展。

目前，国有资本布局优化是中央企业和地方企业所面临的共同难题，两者都承担着深入实施中央企业产业焕新行动，提升战略性新兴产业营收占比，聚焦"未来技术产业化、重点领域未来化"，加快培育具有代表性的企业，突破关键技术，打造标志性创新产品等国有资本布局优化的任务。要通过重组整合短时间内加速资源向优势企业和企业主业集中，促进央地资源深度整合与共享，加快形成央地国企联系紧密、协同顺畅、资源共享、优势互补的发展格局。中央企业通过"合并同类项"获得规模经济优势，从根本上减少重复投资和同质化竞争，按照市场化、法治化方式，加强内部资源深度融合，形成强大合力；地方国企立足于本区域的发展战略和产业规划，通过传统产业的高端化、智能化和绿色化升级夯实现代化产业体系的基底，提升当前生产力的发展水平，推动新质生产力的形成（周文和许凌云，2023），积极布局新能源、新材料、先进制造、电子信息等战略性新兴产业，培育未来产业（王飞等，2024）。重组整合还能提高整个产业资源的利用率，促进产业链协同发展，构建特色现代化产业体系的创新路径。中央企业应重点围绕"突出实业、聚焦主业、做精一业"的目标，瞄准高水平、导向性，支持推动国有资本协同合作，促进固链、补链、强链、塑链；持续推进央企"两非"（非主业、非优势业务）和"两资"（低效资产、无效资产）业务退出，做好产能过剩行业整合（王希，2023）。通过打通产业链，维护产业链、供应链稳定，着眼于全产业链打造具有全球竞争力的世界一流企业。地方国企应围绕传统产业、新兴产业和未来产业，聚焦经济结构优化和转型升级，沿着产业链主动谋划、持续推进战略性重组和专业化整合，在更大范围内、不同层面间，推动产业链、创新链资源配置更加合理。央地合作发挥央企和地方各自优势，以解决经济社会发展中面临的问题和取得实际成果为导向，不仅要涉及产权的重组，还要全面整合产业链、创新链、供应链、数据链、资金链、服务链和人才链等，深度挖掘地方资源优势，推进央地企业在生产、供应、销售等环节有效衔接，促进产业链、供应链融通创新，实现产业上下游协同发展，推进区域优化产业结构、提升产业层次、扩大产业规模、形成产业体系。因此，推动中央企业和地方企业融合发展，对于促进产业协同，并进一步构建特色现代化产业体系起着至关重要的作用。

整体上，中央企业和地方企业牵手能够有效推动专业化整合及产业链协同，推进产业结构优化布局，将双方优势转化为发展合力，放大协同效应，促进国有资本合理流动，进一步加快调整国有经济布局和优化国有经济结构，推动国有资本和企业做大做强，提升企业核心竞争力，为加快建设一流企业创造有利条件，更好地促进现代化产业体系建设。央地合作能够围绕产业协同推进区域资源整合，推动资本专业化整合，减少无序竞争和同质化竞争，提升效率和效益，使企业资源相互融合，全面整合升级产业链、创新链、供应链、数据链、资金链、服务链及人才链（李锦，2019），强化"价值创造与科技创新"双轮驱动，大力推进发展新质生产力，为发展中国式现代化，加快建设现代化产业体系作出新贡献（中国投资协会国有投资公司专业委员会，2024）。中央企业对产业布局与发展具有战略引领作用，通过融合逐步实现地方产业转型升级与结构性变革；打破企业边界，推进专业化整合，逐步将资源向优势企业、企业主业集中，盘活宝贵的国有资源，实现国有资本配置效率提升。央企与地方企业要充分发挥自身资源禀赋和技术优势，广泛挖掘合作场景，加大交流合作力度，推进各方优势互补、资源融合、错位发展、互利共赢，加大"进、退、整、合"力度，推进重组整合由"合并同类项"到核心功能与核心竞争力强化，再到未来的产业引领、价值创造，打造结构型国资布局与高价值导向产业板块，一步步向更远的方向迈进。

1.1.3　协作共赢，构建发展格局

构建以国内大循环为主体、国内国际双循环相互促进的新发展格局，是党中央立足我国发展阶段、环境和条件的新变化所作的重大决策，是把握发展主动权的先手棋，为全面推进中华民族伟大复兴和全面建成社会主义现代化强国提供有力支撑。央地合作是构建新发展格局的内在要求，对未来一段时间中国区域格局和产业地理分布会产生深远影响。中央企业积极参与地方企业维护国家战略安全、维护国家"五大安全"，有助于各个地区形成以维护国家"五大安全"为核心的发展新局面，对于地区发展取得新突破具有关键作用。例如，推动东北振兴不仅是中央企业和地方企业共同的责任与历史使命，也是双方共同的战略机遇。中央企业和地方企业要在新时代东北振兴中承担更大的责任、作出更大的贡献，努力开创新时代东北区域协调发展的新局面。中央企业在实现央地共赢发展的同时，还能助力地方形成全面振兴新局面，把资源优势转化为产业优势和发展优势，进而全面构建新的发展格局。

通过央地同频共振，引领各地各类所有制企业加快建设现代产业

体系，带动央地创新链、产业链、资本链、人才链深度融合，聚集科研、人才等优质创新资源，联合开展关键核心技术攻关，协同推进科技成果转化等，对于形成多点支撑、多业并举、多元发展的产业发展新格局，推动地方企业高质量发展具有重要意义。首先，中央企业具备承担协同创新的资源和能力。中央企业在关系国家安全和国民经济命脉的主要行业和关键领域占据支配地位，相比于其他企业具有举足轻重的地位，同时肩负着国家及社会赋予的职责使命。作为协同创新的"领导者"，能够引领其他参与主体进行技术合作、技术攻关，具有整合和协同上下游、关联创新主体的创新网络和产业生态的基础和能力，而中央企业在要素获取、监督管理和行业准入等方面，相较于其他类型企业具有巨大优势，尤其是拥有雄厚的物质基础和强大的创新能力，在国家重大科技攻关项目中起着中流砥柱作用。其次，中央企业通过围绕产业链部署创新链，加强各类创新资源统筹，牵头构建以企业为主体、市场为导向、产学研深度融合的科技创新体系，主动与高校、科研院所和地方国有与民营企业建立多种形式合作关系，健全科学合理的利益分配机制，发挥市场对技术研发方向、路线选择、各类创新要素配置的导向作用，促进创新链条有机衔接、创新效率大幅提高，形成创新合力。最后，中央企业在科技成果转化应用上主动作为。充分发挥国有企业市场需求、集成创新、组织平台优势，建设一批概念验证和中试平台，主动开放应用场景，探索在重大项目、重点工程谋划阶段明确自主可控目标，积极应用首台套、首批次、首版次技术产品，在应用过程中不断促进技术产品的完善和迭代升级，加快科技成果向现实生产力转化，不断打通从科技强到企业强、产业强、经济强的通道（张玉卓，2023）。

1.2　把握央地合作的时代逻辑

1.2.1　中国经济发展的客观规律

自1978年改革开放以来，中国经济发展取得了举世瞩目的成就。国有企业作为经济体制改革的中心环节，从最初的放权让利、利改税和利税分流等，到所有权经营权分离，再到以产权制度改革为主线的股改与现代企业制度，以及混合所有制改革的推进，走出了一条由行政型治理向经济型治理的转型之路。时至今日，国有企业改革扎实推进，取得巨大成就，国有企业活力、竞争力、影响力和抗风险能力进一步增强，国有经济在国民经济中的主导地位进一步提升，中国特色现代国有企业制度不断完善，国有资产管理体制改革取得显著成效，国有经济布局持续优化，国有企业作为中国特色社会主义的重要物质基础和政治基础的作用得到充分发挥。国有企业已经发展"成为党和国家最可信赖的依靠力量，成为坚决贯彻执行党中央决策部署的重要力量，成为贯彻新发展理念、全面深化改革的重要力量，成为实施'走出去'战略、'一带一路'建设等重大战略的重要力量，成为壮大综合国力、促进经济社会发展、保障和改善民生的重要力量，成为我们党赢得具有许多新的历史特点的伟大斗争胜利的重要力量"。四十余年的经济体制改革表明，中国经济社会发展"必须把坚持高质量发展作为新时代的硬道理，必须坚持深化供给侧结构性改革和着力扩大有效需求协同发力，必须坚持依靠改革开放增强发展内生动力，必须坚持高质量发展和高水平安全良性互动，必须把推进中国式现代化作为最大的政治"。"五个必须"正是国有企业理应遵循的对中国经济高质量发展的规律性认识。

经济高质量发展是中国式现代化的底色，是全面建设社会主义现代化国家的首要任务。国有企业作为现代化经济体系建设的主导力量，作为国民经济发展的"压舱石""稳定器"，要能够立足新发展阶段，完整、准确、全面贯彻新发展理念，构建新发展格局，厘清自身历史使命和具体职责定位，融入并落实到经济社会发展全过程和全领域，始终以创新、协调、绿色、开放、共享的内在统一来把握和谋划在支撑经济高质量发展中的"国家队"作用。要能够识别制胜领域，在集聚高水平创新要素，深入实施创新驱动发展、提升供应链产业链韧性水平、深化供给侧结构性改革、畅通经济循环、推进高水平对外开放、推进城乡融合和区域协调发展等重大战略实施中充分发挥引领和支撑作用，更好推动经济发展质量变革、效率变革和动力变革。通过加快构建国有经济"一盘棋"新格局，促使中央企业拉动地方企业发展，引领带动各地各类所有制企业加快建设现代产业体系，实现央地协同发展，持续提升国有经济的科技创新力、产业控制力和安全支撑力，有助于做大做强做优国有经济，更好地保证国有经济在国民经济中发挥主导作用和战略支撑作用，推动中国特色社会主义市场经济发展。中央企业和地方企业的融合是符合中国经济发展规律的必然选择，也很好地实现了贯彻国家战略、服务社会需要、推动产业发展及促进地方经济发展的多方共赢。

1.2.2 时代背景变迁的必然选择

党的二十大科学擘画了以中国式现代化全面推进中华民族伟大复兴的宏伟蓝图。国有企业在党和国家事业发展全局中具有重要战略地位，是中国特色社会主义的重要物质和政治基础，是推进中国式现代化的核心力量。新征程上，作为党和国家的依靠力量，国有企业在推进中国式现代化进程中应深刻理解和系统把握中国式现代化的本质要求，准确把握战略定位和功能作用，在经济、政治、文化、社会、生态等建设中全面发力，以追求卓越、志在一流的责任担当，肩负起新时代赋予的使命和任务，展现新担当新作为。央地合作作为推动国有资本和国有企业做强做优做大，增强核心功能，提升核心竞争力的重要途径和主要抓手，正是这一时代背景下的必要选择。

首先，央地合作是国有企业更好推进全体人民共同富裕的有力保障。共同富裕是中国式现代化的本质要求，也是关乎"人民至上"立场和社会主义道路的重大政治问题。国有企业大多是涉及国计民生、国民经济命脉的骨干企业，是体现国家先进生产力水平、反映国家综合国力和竞争力的重要力量，其性质和功能决定了其在实现共同富裕的过程中发挥着不可替代的作用。作为解放和发展生产力、财富创造和分配的主力军，国有企业应持续推进更深层次、更高水平的改革，加快建设世界一流企业，在实现科技自立自强中构筑共同富裕新动能，把国企"蛋糕"做大，将发展的成果由人民共享，当好共同富裕的创造者。中央企业和地方企业围绕服务国家区域协调发展战略、区域重大战略等方面有效合作，可以加强国资国企资产管理，坚持守好国企"蛋糕"，促进国有资产保值增值，提升企业核心竞争力，当好国有资产安全的捍卫者。通过发挥国有企业和地方企业各自的优势实现价值共创，能够防止两极分化，升级社会责任履行方式，更好保障民生、服务社会，有效缓解地区差距、城乡差距、收入分配差距，促进社会公平正义，使国有企业在实现共同富裕中发挥建立新基石、开拓新空间的作用。

其次，央地合作是国有企业加强物质与精神文明相协调的可靠保障。物质和精神文明相协调是中国式现代化的价值取向，是中国特色社会主义的本质特征。国有企业作为物质和精神文明的重要载体，既要不断深化改革、转型升级、锐意创新，厚植现代化的物质基础，夯实人民幸福生活的物质条件，还要坚持社会主义核心价值观，把精神文明建设贯穿于新时代国有企业现代企业制度建设的全过程，渗透到国有企业改革的各方面，在改善精神文明建设环境和提高精神文明建设质量上下功夫，发挥在物质和精神文明建设协调发展中的示范引领作用。通过央地合作实现优势互补，可以在一定程度上增强经济韧性、提升产业链和供应链现代化水平、强化服务国家区域战略与创新驱动发展战略中所具备的地位与优势，更有助于将精神文明沿着创新链、产业链、资金链、人才链向其他市场主体输出，彰显国企精神、国企智慧、国企价值与国企力量，为实现物质文明和精神文明建设协调发展提供强大价值引导力、文化凝聚力、精神推动力和辐射带动力。

最后，央地合作是国有企业强化人与自然和谐共生的关键变量。人与自然和谐共生是中国式现代化的重要特征，是中国特色生态文明的鲜明标志。国有企业作为实施生态文明建设的关键主体，是人与自然和谐共生的重要推动者与贡献者，要坚持将人与自然和谐共生作为建设世界一流企业的必然之举。人与自然和谐共生在企业中主要表现为绿色发展。基于央地合作，央企能够更好地把责任理念、管理理念、治理理念传达贯彻至地方企业，地方企业则能够把地区发展的现实需求反馈给央企，实现共创共赢。在双方互动中，将人与自然的和谐共生理念持之以恒细化为"施工图"、转化为"实景图"。

1.2.3 主要矛盾解决的现实之举

党的十九大报告中鲜明指出："中国特色社会主义进入新时代，我国社会主要矛盾已经转化为人民日益增长的美好生活需要和不平衡不充分的发展之间的矛盾。"我国长期所处的短缺经济和供给不足的状况已经发生根本性改变，人民对美好生活的向往总体上已经从"有没有"转向"好不好"，呈现出多样化、多层次、多方面的特点。人民生活的需要不再局限于衣食住行等物质方面的"硬需求"，而是更加强调民主、法治、公平、正义、安全、环境等方面的"软需求"。随着社会生产力水平总体上显著提高，中国社会生产能力在很多方面进入世界前列，但发展不平衡不充分问题日益凸显，已然成为满足人民日益增长的美好生活需要的主要制约因素。

新时代中国社会主要矛盾解决之道的关键点在于继续贯彻新发展理念，推动经济发展质量变革、效率变革、动力变革，以深化供给侧结构性改革为主线，不断做大做强实体经济，调整优化产业结构，培育新的经济增长点，真正实现经济更高质量、更有效率、更加公平、更可持续发展。国有企业作为构建高水平社会主义市场经济体制、推动经济高质量发展、实现中国式现代化的重要力量，在乡村振兴、公共服务高效化、区域均衡发展等方面必须承担起相应使命和责任。然而，当前中国地方经营性国有资本分布不均，发达地区国有资本体量较大、体制机制好、市场及业务发展前景好，欠发达地区国有资本相对体量小，资源型、传统型企业多，竞争力较弱，这是国资领域发展不平衡不充分的重要体现。国有资本布局不合理、缺少核心竞争力、公司治理水平不高、三项制度改革推进缓慢等问题依然普遍存在。

央地合作有助于推动地方国企改革深化，提升地方国企的活力与竞争力。央企在科技创新、产业控制和安全支撑方面能发挥示范作用，强化资源整合功能，推进区域资源的合理均衡布局，极大提升国有资本配置效率和社会资本使用效率，促进产业链重组整合，带动和促进民营企业、中小微企业共同发展。与以往纾困解困、强弱结合的央地合作模式不同，新时代的央地合作更多是强强联合、优势互补、融合发展的合作，紧扣高质量发展和构建新发展格局的重要任务。基于高端制造业中的电力、有色、电力设备、电子、通信、军工、海工装备等领域大多存在规模效应或进入壁垒（语谦，2021）的现状，央地合作有利于地方企业打破壁垒，发挥其资源成本低、创新能力强的优势，与驻地央企共同打通产业链、供应链堵点、断点，实现引入一家央企，就能带动一批企业，形成一个产业集群。面对一系列新科技、新技术、新挑战，中央企业带动地方企业在创新发展中发挥主体作用，更有助于企业建立健全自主创新体制，加强区域发展和产业创新协同，强化国家战略科技力量，助推人民日益增长的美好生活需要和不平衡不充分的发展之间的矛盾的化解。

1.3 关注央地合作的现实逻辑

1.3.1 携手并肩，推动辽宁振兴新突破

党的二十大报告强调："推动东北全面振兴取得新突破。"作为我国计划经济体制建立最早、发展最快、制度最为完善的地区（李怀，2000），东北对国民经济恢复和工业体系建设作出了重要贡献，被誉为"共和国长子"（董香书和肖翔，2017）。自改革开放以来，计划经济体制向社会主义市场经济体制转轨进程不断加快，深受计划经济体制影响的东北却步履维艰。伴随着传统重工业衰落，20世纪90年代起，东北经济发展陷入困境。为实现东北可持续发展、缩小与东部地区的差距，中共中央、国务院立足于经济全球化和世界制造业转移的重要机遇，在2003年正式提出东北振兴战略。自东北地区等老工业基地振兴的重大战略决策实施以来，国家在政策和资金等方面给予了大力支持，社会各界也对东北予以前所未有的关注。东北各级政府更是"撸起袖子加油干"，积极完善体制机制、推进结构调整、鼓励创新创业、保障改善民生。东北振兴持续深入推进，不断取得新进展新成效。

然而，由于长期形成的深层次体制性、机制性、结构性矛盾叠加以及国际国内经济社会环境的变化，东北振兴依然存在着不稳固、不平衡、不全面、不协调等问题，整体上呈现"稳中有进，相对落后"态势，发展机遇和挑战并存。在东北振兴战略实施20周年之际，

习近平总书记强调："要以科技创新推动产业创新，加快构建具有东北特色优势的现代化产业体系。推动东北全面振兴，根基在实体经济，关键在科技创新，方向是产业升级。"2023 年 10 月 27 日，中共中央政治局会议审议《关于进一步推动新时代东北全面振兴取得新突破若干政策措施的意见》，又进一步强调了东北在维护国家"五大安全"中的重要使命，明确了把握高质量发展的首要任务和构建新发展格局的战略任务，统筹发展和安全，确定了坚持加大支持力度和激发内生动力相结合，强化东北战略支撑作用的关键举措。习近平总书记的重要讲话和党中央的决策部署为推动东北全面振兴指明了前进方向，提供了行动指南。

辽宁省在党和国家战略全局中具有重要的地位，在东北振兴中的作用举足轻重。奋力谱写辽宁省全面振兴新篇章，是新时代赋予辽宁的使命和责任。为实现全面振兴新突破，辽宁省要立足新发展阶段，贯彻新发展理念，构建新发展格局，以推动高质量发展为主题，以深化供给侧结构性改革为主线，以改革创新为根本动力，以满足人民日益增长的美好生活需要为根本目的，统筹发展和安全，从推动形成优势互补高质量发展的区域经济布局出发，着力破解体制机制障碍，着力激发市场主体活力，着力推动产业结构调整优化，着力构建区域动力系统，着力在落实落细上下功夫，逐渐走出了一条质量更高、效益更好、结构更优、优势充分释放的发展新路。面对振兴过程中发展不平衡、不充分的问题，辽宁省要坚持问题导向、发展导向和实干导向，抓住新一轮技术革命和中国经济社会转型的双重机遇，以法治环境优化、民营经济发展、贸易开放提升、制造业提质增效、创新驱动引领、生态环境保护为主线，依靠强力的政策支持，促进"政府-市场-社会"的协同联动，释放数字赋能的转型红利，激发可持续发展的内生动力。

推动新时代辽宁全面振兴，迫切需要加快区域间产业协同和形成完整的产业链，央地合作是此间的关键之举。习近平总书记主持召开新时代推动东北全面振兴座谈会时强调："创新央地合作模式，促进央地融合发展，更好带动地方经济发展。"推动央地合作既为辽宁省构建具有自身特色的现代化产业体系提供了路径，也是央地落实新时代推动东北全面振兴战略的共同政治责任。中央企业是践行国家意志、服务国家战略、履行社会责任的"国家队"和"主力军"，肩负着维护国家战略安全的重大使命，与辽宁省履行维护国家"五大安全"的政治使命高度契合。中央企业应立足服务国家战略，把企业发展战略与辽宁发展战略、发展重点紧密结合起来，秉持责任担当，在市场化条件下更多参与、更好支持、更深融入辽宁振兴发展，进一步优化在辽发展布局，积极开辟新领域新赛道，与辽宁共同推动高质量发展，打造央地合作新典范，加快辽宁振兴发展。通过深化央地合作，对接国家重大战略布局，要把维护国家安全的政治使命与辽宁全面振兴的目标有机结合起来，发挥中央企业的资本、科技、产业链和供应链优势，利用好辽宁省的产业和资源优势，双向奔赴，有助于更快更好地推动辽宁全面振兴取得新突破。

1.3.2　借力发展，激活国企壮大新动能

辽宁持续深化国有企业改革，推动国有企业做强做优做大。通过多项举措，辽宁国有企业的创新能力持续提升，发展新动能不断增强。但是，受制于体制机制等障碍，一定程度上存在内生动力不足的

问题。需要以国有企业为重要力量，发起一场轰轰烈烈的存量变革、增量崛起的行动，如何将这些优势发挥出来、潜力激发出来、动能释放出来尤为关键。一直以来，辽宁积极稳妥推进国企改革，解决了一大批痛点难点和历史遗留问题，国有经济竞争力、创新力、控制力、影响力、抗风险能力均得到增强，国有资本配置效率和整体功能稳步提高，但在治理和管理方面仍存在改革不到位等一系列问题。部分国企在具体推进落实中，观望情绪浓厚，等待思想严重，迈出的步子不够大、不够快，主动改革、敢于改革的意识不强，在思想境界、格局视野、能力作风等方面尚有很大提升空间。

战略重组、重大平台建设、项目合作等央地合作方式有助于推动辽宁国有企业改革深化提升，优势互补，实现央地共赢。中国通用技术集团重组昔日机床龙头沈阳机床、鞍钢集团与本钢集团都实现了"1+1>2"的效果。在辽宁国有企业改革深化提升的实施意见中，一项重要任务就是开展"一对一"央地国有企业合作，借力中央企业优势，对辽宁国有企业发展战略、市场培育、资源配置、管理提升等方面进行全方位帮扶，助推辽宁国有企业发展壮大，改出好结构、好机制，打造出一批具有较高核心竞争力和较强核心功能的国有特色企业（唐佳丽，2023）。与此同时，党的二十届三中全会通过的《中共中央关于进一步全面深化改革 推进中国式现代化的决定》中明确提出的"推动国有资本向关系国家安全、国民经济命脉的重要行业和关键领域集中，向关系国计民生的公共服务、应急能力、公益性领域等集中，向前瞻性战略性新兴产业集中"，成为辽宁国有企业改革和发展的方向。辽宁国企需利用央地合作契机，加快培育和发展新质生产力，更好、更高效率地服务国家重大战略，激活新动能，切实履行战略安全、产业引领、国计民生、公共服务等功能，不断增强国有经济主导作用和战略支撑作用。借助央企的资源配置能力、资本运作效率、技术管理优势，更好地激发辽宁国企新动能，推进辽宁新一轮国企改革深化行动。

1.3.3 搭梯筑路，营造辽宁重商新形象

营商环境的优劣决定了生产要素资源的集聚与流向，是稳定市场信心、激发经济发展活力、推动高质量发展的重要因素，也是地方经济发展"软实力"的重要标志。优化营商环境是市场经济健康发展的需要，也是辽宁深化体制改革的必然趋势。党的二十大以来，辽宁营商环境建设取得了一系列成绩，"放管服"改革逐步深入，政务服务水平显著提高，法治化营商环境建设初见成效，优化营商环境整体氛围正在形成。辽宁营商环境改善离不开各方的努力。借力中央企业为地方营商环境现状"精准画像"，对存在的问题进行"精准打击"，通过"小切口、大纵深"的工作方式，切实把抽象的营商环境工作转化为看得见、摸得着、有标准、可量化的具体举措，实现全省优化营商环境一盘棋，一张蓝图绘到底的新格局。为更好开展央地合作，辽宁立足央企所能、地方所需，研究制定重点领域图谱，充分将央企优势产业链、供应链与辽宁资源禀赋相适配；进一步加大项目的高位推进力度，采取省领导定点联络、专班服务推进等方式跟踪推进；主动服务对接中央企业，聚焦中央企业项目，建立"两库一清单"，即驻辽央企信息库、央企在辽重点项目库、驻辽央企重大服务事项清单；实施"一企一策"，优化政企审批流程，完善定期调度制度；改革"一网通办""一网统管""一网协同"等方面内容；不断加强各市和省直

有关部门央地合作服务工作，给当地企业与驻辽央企沟通对接提供支撑，为当地企业发展壮大"搭梯筑路"；政府各部门和金融机构将持续加强要素保障，打通央地合作项目落地"最后一公里"，以优质高效贴心的服务，为企业在辽高质量发展营造良好环境，重塑辽宁尊商敬商、亲商安商新形象。

辽宁营商环境虽取得了长足进步，但与市场主体期盼和国际先进水平（便利性、公平性、透明度、法治化、国际化）相比，尚存在差距和短板弱项。通过深化央地合作，可以将中央企业在其他省市营商环境感知的经验带到辽宁，或者采取"用脚投票"机制倒逼辽宁优化营商环境，在用心用情做好服务保障，大力推进法治政府、诚信政府、数字政府建设，着力打造优质高效的政务环境、守信践诺的信用环境、良好的金融生态环境、公平公正的法治环境等方面持续发力，加快建设一流的市场化、法治化、国际化营商环境，全力打造"升级版"营商环境，为中央企业在辽投资兴业、生产经营等提供更加完备的支持和保障，持续优化政策供给、持续保障项目落地、持续做好跟踪服务，为央企在辽发展创造更好条件、营造更优环境，推动央企与辽宁融合发展不断迈上新台阶。例如，为解答"自己有什么、人家需要什么、一起合作要怎么干"这一央地合作前置性课题，沈阳市各级政府部门以优质高效贴心为服务标签，不断以营商环境的"优"促进经营主体的"活"，带动央地合作项目的"增"。铁西区央地合作工作专班立足项目，"谋立推建"全链条，从项目谋划包装、前期手续办理、签约落地、开工建设到竣工投产，全程跟踪服务。紧盯项目前期工作，加速立项、环评、施工许可等前期手续办理，推动项目尽快落地开工。及时解决已开工项目建设过程中存在的问题，确保项目如期竣工投产。大东区央地合作工作专班统筹协调抓项目，除定期例会研究推进之外，重大央地合作项目随时调度。各部门主要负责人逐产业、逐项目研究调度，较真叫板、动真碰硬。在沈阳，"央地合作不是哪一家、哪一门、哪一级的事，是自己工作中的分内之事，责无旁贷"已经成为各级政府的共识。

2

多措并举，助推辽宁走好央地合作之路

中央企业是辽宁发展的重要参与者、建设者和贡献者，是辽宁振兴的"主力军"，是辽宁不可多得的战略性资源。深化央地合作是辽宁实现全面振兴新突破的关键之举。立足地方所需、发挥央企所长，政策支持央地合作全力推进；细化对接项目、强化产业合作，坚实基础以促进央地合作稳步发展；主动服务驻辽央企、全力支持央企在辽发展壮大。近年来，辽宁多措并举，为央地合作发展打下坚实基础，助力央地合作通道更加通畅、合作领域更加宽广、合作前景更加光明。

2.1　合作政策更加精准

为全力推进央地合作，辽宁省及各市政府出台了若干政策文件，明确了央地合作的发展方向和具体举措。自2018年9月24日中共辽宁省委办公厅、辽宁省人民政府办公厅颁布《加快推进全省国资国企改革专项工作方案》以来，以国有企业改革为契机和切入点，促进驻辽中央企业与地方国有企业合作发展的政策不断出台。2023年以来，辽宁省进一步聚焦全面振兴新突破三年行动各项工作部署，聚力实施"五提升、五攻坚"，持续深化央地合作。《辽宁省政府常务会议暨辽宁全面振兴新突破三年行动指挥部第三次会议》提出要开展央地合作提升行动，坚定抓投资和项目建设不畏难，持续深化央企与地方合作，精准推进招商引资，谋划实施更多高质量项目，助力辽宁省央地合作迈进一大步。辽宁省委经济工作会议也提出要集中力量开展"八大攻坚"，打好、打赢三年行动攻坚之年攻坚之战，在国企改革和央地合作"两个阵地"上誓打一场漂亮仗、翻身仗。辽宁省各市政府也积极响应号召，颁布了关于央地合作的各项政策，如《深化辽宁沈阳区域性国资国企综合改革试验方案》《沈阳市国有企业央地合作工作实施方案》《盘锦市深化央地合作三年行动专项方案（2023—2025年）》等。辽宁省还从自然资源、沿海产业、自由贸易试验区等多个细化方向，深入推进央地合作"新"模式。央地合作的思路导向和具体举措越发明确，政策着力点更加精准。辽宁省央地合作相关政策如表2-1所示。

表2-1   "央地合作"相关政策

文件名称	时间	地点	关键要点
《加快推进全省国资国企改革专项工作方案》	2018.9.24	辽宁	促进驻辽央企与地方国有企业合作发展，加大吸引中央企业对辽投资力度，促进地方国有经济布局调整。支持中央企业与地方共建产业园、参与产业转型升级示范区建设，支持辽宁国有企业参与中央财政投资的铁路、公路、机场、水利枢纽等重点项目建设
《深化辽宁沈阳区域性国资国企综合改革试验方案》	2021.9.29	沈阳	支持国资国企在太平湾集聚发展，推动更多中央企业产业板块基地、功能性总部，以及重大产业项目、基金、科技创新项目落户太平湾，支持中央企业开展抱团合作
《沈阳市国有企业央地合作工作实施方案》	2022.4.29	沈阳	扎实做好央企服务，加强央企与我市多领域合作，探索多元化合作模式，深化央地国企改革发展，实现相互促进、资源共享、共同发展的良好局面，带动沈阳经济高质量发展

文件名称	时间	地点	关键要点
《辽宁政府常务会议暨辽宁全面振兴新突破三年行动指挥部第三次会议》	2023.7.18	辽宁	开展央地合作提升行动，坚定抓投资和项目建设不畏难，持续深化央企与地方合作，精准推进招商引资，谋划实施更多高质量项目
《盘锦市深化央地合作三年行动专项方案（2023—2025年）》	2023.3.20	盘锦	重点围绕促进央企与地方在重大项目、产业链延伸、市场资源配置等方面深度融合的具体需要设置目标和重点任务
《自然资源保障辽宁全面振兴新突破三年行动方案（2023—2025年）》	2023.3.7	辽宁	支持央地合作，为国有企业做大做强、民营企业发展壮大提供要素支撑
《辽宁（营口）沿海产业基地央地合作工作机制》	2023.6.7	营口	强化要素保障，改善投资环境，提升服务质量，吸引央企资金、项目、人才投入，引导央企尽快融入园区经济发展，助力产业基地全面振兴新突破
《鞍山市国资国企改革深化提升行动实施方案（2023—2025年）》	2023.9.15	鞍山	深入实施资本布局优化、监管效能、企业管理、央地融合发展、风险防范、国企党建共六个提升工程
《辽宁省巩固增势推动经济持续回升向好若干政策举措》	2023.9.28	辽宁	促进央企与地方融合发展，滚动推进央企与地方合作项目签约落地、开工建设

续表

文件名称	时间	地点	关键要点
《2024年省〈政府工作报告〉重点工作分工方案》	2024.2.5	辽宁	深化央地合作，积极对接央企战略性新兴产业焕新行动和未来产业启航行动，推动合作项目加快落地
《辽宁省人民政府关于借鉴推广中国（辽宁）自由贸易试验区第七批改革创新经验的通知》	2024.3.16	辽宁	央地合作打造航空产业集群、工业互联网赋能中心助力园区数字化转型、科技企业产业转型辅助分析平台、"共享实验室"检验检测服务模式等

2.2　合作氛围越发浓厚

辽宁省高度重视中央企业与地方合作，大力推进央企、地企走融合发展之路。2023年以来，先后在北京、沈阳两地召开辽宁省与中央企业深化合作座谈会，在沈阳召开国资央企助力东北全面振兴座谈会、辽宁省国有企业改革深化提升工作会议等多场次央地合作专项会议，辽宁省委书记、省人大常委会主任郝鹏等省委和省政府主要负责同志先后与52家央企领导会商，签署战略合作协议20份。辽宁正在加快形成以央地合作为重要抓手，以服务国家战略、推动产业升级、促进融合发展为主要内容的辽宁振兴发展新局面。

在辽宁省委、省政府及各市政府的大力支持下，央企与地方合作已在全省各地区全面展开。沈阳市牵头举办"沈阳市与中央企业深化合作对接会""央企入沈共促振兴"等形式多样、内容丰富的系列对接活动，持续增进央企与地方互通互信、提升合作能级，签订了如中广核新能源战略融合一体化等一系列高质量协议（金晓玲，2023）。聚焦"双向奔赴"、优势互补、融合发展的创新合作模式，立足沈阳所需、发挥央企所长，探索"1+1>2"的融合效应。大连市提出依托投资管理信息化平台，进一步加强对市属国有企业投资的有效监管，提升国有资本运营效率，结合区域产业优势分类谋划央地合作项目，抓住国家政策支持机遇，推动央地互利共赢；大连市国资委继续推进市属国有企业"一企一策"改革发展，持续引导企业加强科技创新，加强企业监管和深化央地合作。本溪市建立了"储、谈、签、落"重点央地合作项目库，深入开展中央企业招商专项行动，谋划推进了一批质量高、带动强、规模大的央地合作项目。朝阳市委、市政府带队"走出去"，主动拜访中央企业总部主要负责人，采取"请进来"的方式，与中央企业及其驻辽机构进行了多轮次集中会商。抚顺市统筹推动总投资637亿元的23个央地合作重大项目建设，加快省委省政府与中石油总部会商成果转化。营口市与中交集团落实能源安全新战略和"双碳""双控"发展目标，聚焦天然气供销体系，建设中交营口液化天然气（LNG）接收站，保障地方清洁能源供应安全。盘锦市出台深化与中央企业合作三年行动专项方案，成立工作专班，主动作为、创造条件、完善机制，全力打造地方与中央企业融合发展典范。在省级、市级领导高位推动下，央地合作工作机制不断创新。"央地融合谋发展，携手共赢促振兴"的氛围更加浓厚。辽宁省央地合作相关会议如表2-2所示。

表2-2   关于"央地合作"相关会议

会议名称	时间	地点	关键要点
中共辽宁省委十三届五次全会	2023.2.22	沈阳	开展中央企业与辽宁合作提升行动，每年滚动实施100个中央企业投资重点项目
辽宁省与央企深化合作座谈会	2023.3.1	北京	加强辽宁与央企对接沟通交流、深化拓展合作
沈阳市与中央企业深化合作对接会	2023.3.1	北京	拓宽央地融合领域、提升央地合作能级、丰富央地合作内容
辽宁大连深化央地合作座谈会	2023.3.1	北京	央地共建太平湾，同绘发展新蓝图
锦州市央地合作对接会议	2023.3.23	锦州	加强锦州与央企对接沟通交流、深化拓展合作
国资央企助力东北全面振兴座谈会	2023.6.25	沈阳	进一步加强东北地区与中央企业对接沟通交流，助力东北全面振兴取得新突破。中央企业与东北三省一区进行合作项目签约，共签约项目111个，总投资超过5 000亿元，涵盖工业、农业、能源、基础设施等多个领域
盘锦市与央企深化合作座谈会	2023.6.26	盘锦	签署了12项战略合作和项目协议
锦州市央地合作座谈会	2023.8.25	锦州	巩固央地融合成果、加快推进合作项目、构建现代化产业体系
辽阳央地合作专题调度会	2023.9.5	辽阳	贯彻落实省委、省政府关于深化央地合作工作的部署要求，推动辽阳央地合作取得新突破

续表

会议名称	时间	地点	关键要点
新时代推动东北全面振兴座谈会	2023.9.9	北京	创新央地合作模式，促进央地融合发展，更好带动地方经济发展
国务院国资委党委召开扩大会议	2023.9.11	北京	支持推动中央企业结合东北地区资源禀赋，加强在东北地区战略性新兴产业布局
沈阳市央地合作项目集中签约仪式	2023.12.19	沈阳	新签约项目21个，涉及航空航天、新能源、新一代信息技术、节能环保、高端商业、新型基础设施建设等领域，总投资约664亿元
辽宁省与中央企业深化合作恳谈会	2024.3.1	北京	以"优势产业锻长板 转型升级促振兴"和"新兴产业补短板 拓展赛道共焕新"为主题，与央企深入沟通交流，聚力振兴发展，携手续写央地合作新篇章
辽宁省与中央金融机构恳谈会	2024.3.2	北京	加大对辽宁省的资金投放力度，为项目建设、产业发展和科技创新提供金融支持，助力加快培育新质生产力、构建具有辽宁特色优势的现代化产业体系
辽宁省与国务院国资委在北京举行工作会商会议	2024.3.1	北京	支持引导中央企业积极融入辽宁全面振兴，助力锻造优势产业长板，深度参与辽宁万亿级产业基地和优势产业集群建设，带动上下游企业协同发展。指导推动中央企业助力辽宁加快新旧动能转换、产业转型升级，大力发展战略性新兴产业，加快培育新质生产力，构建具有辽宁特色优势的现代化产业体系。支持引导中央企业将优质科技创新资源向辽宁汇聚，将重点技术、重大工程、典型场景等向辽宁布局，加快科技成果本地转化和产业化，更好服务国家高水平科技自立自强

续表

会议名称	时间	地点	关键要点
住建领域央地合作对接工作座谈会	2024.3.25	沈阳	进一步推进全省住建行业与央企的合作，继续支持和服务建筑业央企扩大在辽投资布局，特别是结合新业务、新方向、新兴产业建立子公司，积极引入优势产业
辽宁省国资国企工作会议	2024.7.17	沈阳	聚焦国有企业布局调整、深化央地合作和国有企业改革深化提升行动。以央地合作为重要抓手，以志在必得的决心确保打赢攻坚之年攻坚之战

2.3　合作成效越发显著

2.3.1　固定资产投资增长提速

辽宁省人民政府办公厅发布数据显示，2023年辽宁省固定资产投资同比增长4%，高于全国平均水平1个百分点，位居全国第十四位，是近十年来首次超过全国平均水平，创造了"十三五"以来的最好成绩，为全面振兴新突破三年行动首战告捷提供了坚强支撑。制造业投资增速高出整体投资增速10个百分点，基础设施投资增速高出整体投资增速11.2个百分点。扣除房地产开发投资后，全省投资增长18.3%，实现了量的合理增长和质的有效提升。全年全省建设项目达到1.4万个，数量增长11.3%。2023年辽宁省以央地合作为突破口，谋划推动一大批项目，集中签约项目89个，总投资超6 000亿元。

总投资 337 亿元的航空工业沈阳航空航天城、215 亿元的中电建沈阳市汽车智慧示范片区、210 亿元的华润沈阳东贸库历史文化街区、109 亿元的大雅河抽水蓄能电站等项目进展顺利。2023 年辽宁省固定资产投资累计增长速度如图 2-1 所示。

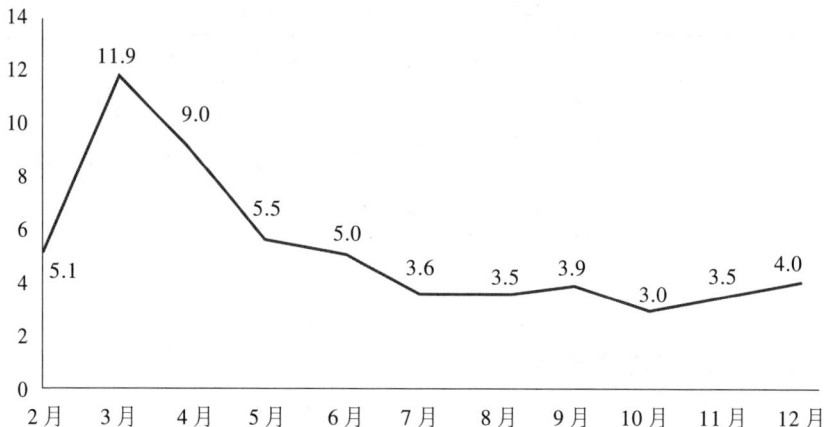

图 2-1　2023 年辽宁省固定资产投资累计增长速度

辽宁省各市投资活力也不断释放。2023 年，葫芦岛（15.6%）、丹东（12.9%）、鞍山（12%）、本溪（8.3%）、抚顺（7.9%）、朝阳（7.8%）、锦州（7.5%）、营口（7.5%）、铁岭（6.3%）9 个市增速超过全国平均水平。其中，葫芦岛、丹东、鞍山 3 市投资实现两位数增长，共同拉动全省投资增长 1.7 个百分点。这 9 个市对全省投资增长作出了突出贡献。2024 年一季度，铁岭（16.9%）、葫芦岛（16.1%）、营口（15.9%）、盘锦（15.2%）、丹东（12.5%）、鞍山（12.4%）、锦州（12.4%）、本溪（11.8%）、朝阳（10.6%）、辽阳（10%）10 个市投资增速实现两位数增长，沈阳（9.9%）超过全省平均水平。

2.3.2 "三库"联动管理进展良好

辽宁省各部委统筹协调各市各部门加大项目谋划力度，切实用好储备项目库、建设项目库和重点项目库，实行"三库"联动管理。一是全省储备项目库，截至2024年3月，全省储备项目库项目超1.8万个，总投资超10万亿元，超过2023年新开工项目总投资规模的3.5倍。二是全省建设项目库，辽宁省目前实施项目超1.5万个，2024年度计划投资超8 400亿元，项目总体入库情况好于往年同期水平，在库的年度投资可对全年投资预期目标形成较强支撑。三是重点项目库，2023年，全年聚焦充分发挥重大工程示范带动作用，在上一年度工作基础上优中选优形成本年度重大工程，即300个重点项目清单，总投资1.36万亿元，年度投资近2 000亿元。重点推进SK海力士、华晨宝马全新动力电池、西鞍山铁矿、沈白高铁、京哈高速公路绥中至盘锦段、引洋入连、桃仙机场二跑道、大连新机场、桓仁大雅河抽水蓄能等重大项目。央地签约重大项目实际开复工83个，年度完成投资616亿元。深入实施央地合作，筛选2024年重点项目，年度计划投资超过1 100亿元；新开工项目73个，年度计划投资近250亿元；续建项目89个，年度计划投资超860亿元；积极推进洽谈项目20个，力争年内取得突破性进展。

2.3.3 央地合作发展成效明显

截至2024年上半年，辽宁省重大央地合作项目达到182个、总投资1.3万亿元；已开工项目111个，累计完成投资1 430亿元，2024年上半年完成投资404.2亿元，项目签约数、落地率、开工速度位居全国前列。中国五矿、中国远洋海运、国家电投、中国石油、国家电网、中国华电、中国中铁等数十家央企加大对辽投资力度。其中，国家电投目前在辽宁省资产总额达千亿元，在辽宁省投运电力装机1 680万千瓦，清洁能源占比近60%；中国五矿在辽宁省建设的陈台沟铁矿项目，总投资达到108亿元；中铁九局在辽宁省内共有在建项目47个，重点项目包括沈白高铁、本桓高速、沈阳地铁、大连市城市更新、王家湾片区开发等。中铁九局计划未来3年内在辽直接投资50亿元以上，带动500亿元以上重大基建项目落地。

项目遍布各市，涉及航空工业、中核集团、中国石油、国家电投、华润集团等40余家央企。在辽承建（含参与）国家级创新平台7个、省级创新平台83个。央企与辽宁沈阳、大连、锦州、阜新等地方政府展开合作与项目共建。2024年上半年，沈阳市累计签约央地合作项目87个，总投资4 766.1亿元，已有55个项目开工建设，航空工业、通用集团等20余家央企与位于沈北新区的千亿级央地合作片区对接进驻，中国铁建与沈阳市政府合作建设百亿级沈阳智能网联创新产业基地，中国电建与沈阳市政府合作建设百亿级沈阳汽车城产城融合示范区；大连市推动央地合作重大项目120个，总投资7 995.1亿元，涵盖先进制造业、现代服务业、新能源产业以及重大基础设施等领域；锦州市落地重点央地合作项目52个，其中，战略性新兴产业项目34个，涵盖新能源、新材料、生物科技、高端装备制造等多个前沿产业，7月17日，中国石油、中国海油、中国大唐等62家央企与锦州市政府签订17个合作项目，涵盖石化及精细化工、冶金及新材料、先进装备制造、新能源等产业领域。2023年全年，1 846户驻辽央企实现营业收入2.4万亿元，实现利润总额610.7亿元，双方携手共进的发展势头强劲。省属企业实现利润总额同比增长99.1%，央地合作成效显著，超额完成决胜首战之年的目标要求。2024年上半年，央地合作成果持续向好，参与央地合作的市属企业中，大连重工装备集团实现营收、利润总额同比分别增长14%、28.5%；沈鼓集团实现营收、利润总额同比分别增长26.3%、10.2%。

2.4　合作服务更加有力

2.4.1　合作工作专班日益完善

辽宁省委、省政府坚持高位推动，强化省级统筹，成立以省政府主要领导为组长的央地融合领导小组，建立健全长效沟通、项目谋划、落地协调等工作机制，加速推进中央企业投资项目整体对接、落地实施。采用省领导分工调度，实施"一项目一方案"的管理模式。重点围绕若干重大工程、央地合作、"一圈一带两区"等建设项目，省政府主要领导开展季调度、省政府分管领导开展月调度，综合评价各地区、各部门推进项目建设的阶段性成果，及时解决存在的难点、堵点问题，安排部署下一阶段重点任务。各级部门加强联动，建立健全央地合作的统筹谋划和落地协调保障机制。国资委建立全委、全员、全力、全方位、全过程、全要素跟踪项目督导机制，保障央地合作项目落地实施。由省直部门牵头调度，省发展改革委牵头抓总，统筹"四个清单"项目调度。若干重大工程项目由省直牵头部门负责调度，央企合作重点项目由省国资委、省发展改革委按分工调度，亿元以上建设项目原则上由各市调度，中央资金项目由省发展改革委、省财政厅负责调度。建立完善服务央企"两库一清单"和驻辽央企排产保障等机制，为企业在辽宁省的高质量发展营造良好环境。省国资委强化省级统筹，由省专班牵头组织研究论证和加强项目谋划，倾情提供管家式服务（刘成友和刘佳华，2024）。

各市成立了推进央地合作发展领导小组，统筹推进重点任务，研究解决重要问题，切实提升央地合作发展实效。市、县政府比照省级机制建立本地区项目调度机制，落实项目建设主体责任，上下联动、同频共振；举办项目集中开工活动，形成滚动推进项目落地的良好态势；加强对"四个清单"项目建设日常调度和实时把握，分别建立调度台账，及时进行指导协调和跟踪推进，责任压实到各市及省有关部门，强化考评激励，及时解决突出问题，确保项目建设提质提效。

2.4.2　服务质量不断提高

为央地合作项目营造良好的营商环境，为央企在辽发展做好服务，是辽宁人的共识。为主动对接中央企业，切实提升服务质量，辽宁采取多项举措，以满足央企所需。搭建央地合作交流平台，推动央企发挥经济发展主力军作用，总结央地合作工作重大突破、亮点、经验，助力地方横向学习交流。提供智库支持平台，分析地方与央企合作潜能，为地方产业发展、规划布局提供智力支持，助推央企更好融入地方发展。整理央企集团的行业分类、主业范围、在辽重点企业和重大项目等信息，建立驻辽中央企业信息库和中央企业在辽重点项目库，提供给省直单位和各地市，并与国务院国资委研究中心等智库合作，通过大数据分析，精准谋划项目。建立驻辽中央企业重大服务事项清单，与驻辽中央企业沟通对接提供服务支撑。为加强央地合作的调度推进，围绕沟通服务、对接交流，建立健全服务企业项目"快速通道"和"绿色通道"，实行"问题收集、交办督办、限时办结、清零销号"的闭环式办理机制。

辽宁省优化推出"升级版"营商环境和服务链条。以"谋立推建"四大要点，从项目谋划、手续办理、开工建设到竣工投产谋划央地合作总体布局。聚焦项目谋划建设全周期、全流程关键节点，采取务实举措，有效破解要素瓶颈制约，瞄准难点堵点加强政策服务，着力提升基层业务水平，为项目落地实施创造良好环境和稳定预期。辽宁省采取的具体措施包括：

第一，加强重点项目要素保障。聚焦省级重点项目，给予项目全流程服务保障和要素供给政策倾斜；优先配置建设用地和能耗指标，开通绿色审批通道；加速立项、环评、施工许可等前期手续办理，推动项目尽快落地开工；在项目建设阶段提高水、电、气、路等相关配套设施保障水平。

第二，不断完善项目谋划系统培训。领导层级成立央地合作工作专班、积极对接项目谋划招引。2023年初以来，围绕项目谋划、审批服务，聚焦REITs、存量盘活等热点领域、薄弱环节，举办了全省项目谋划能力提升培训班，覆盖14个市、100多个县（市）区及相关部门基层单位，4 000余人次接受培训。

第三，开展项目现场服务、现场办公。重点关注并及时解决已开工项目建设过程中出现的琐碎问题，畅通沟通渠道，定期组织开展重大项目现场办公活动，确保项目如期竣工投产。需省级解决的重大问题，由省政府现场办公研究解决；需要深入研究后给出解决方案的，建立问题纾解台账，及时分解交办省有关部门，实行省级推进解决直通车机制。

第四，典型范例宣传力度加大。常态化利用辽宁日报、辽宁电视台等多种媒体平台宣传全省投资项目建设成果，大力宣传各地区投资项目工作成效。中国电建承建的"沈阳汽车城产城融合示范区东湖西-2商业项目建设工程"项目在沈阳日报、沈阳发布客户端开设"央地融合发展促振兴"专栏，树立辽宁省央地合作典范，全力营造全省抓项目、促投资的浓厚氛围，释放良好预期、提振融合发展信心。

第五，加大项目投融资支持力度。聚焦中央预算内投资、政府专项债券、国家政策性开发性金融工具等专项，加大中央资金争取力度；适时举办省级银企对接活动，与金融机构常态化开展"四个清单"项目对接推介；通过引入国家级基金、共同发起设立产业基金、联合投资、股权合作等方式，参与重点行业资源重组和专业化整合。第四批地方政府债券中新增专项债券58亿元，有力保障了辽宁省交通基础设施、生态环保、医疗卫生等领域37个重点项目落地实施，项目总投资超730亿元，充分发挥了政府债券撬动引领作用。

第六，"以督促建"机制助力央地合作顺利实施。围绕方案目标，聚焦"四个清单"项目，用好用实"以督促建"机制，加强项目建设督查，大力拓展"空陆海网"沟通渠道，利用信息化管理平台开展项目监测，确保及时发现问题落实整改，为央企在辽发展创造更优环境、更大平台。

2.5　合作范围和质量提升

辽宁央地合作不仅布局于基础设施建设、装备制造、精细化工、能源安全等重点实体领域，还在科技攻关、成果转化、产业链协同等方面走出新路径。利用资源和产业优势，央企地企强强联合，服务国家战略、推动区域协调发展向更高水平迈进。锚定今后3年到5年，采取切实有效措施，继续大力深化央地合作，是辽宁省高质量发展的核心所在。

2.5.1　合作领域不断深入

中共辽宁省委十三届五次全会提出，要开展央企与辽宁合作提升行动，每年滚动实施100个央企投资重点项目，涉及工业、能源资源、产业园区、新基建等多个重点行业领域。未来还会将目光投向战略性新兴产业、科技创新、基础设施、清洁能源、生态环保、文化旅游等领域（唐佳丽，2023）。立足主业实业，进一步探索辽宁各领域产业合作，积极参与辽宁先进装备制造、石化和精细化工、冶金新材料产业基地建设，加大新材料、节能环保、清洁能源、集成电路、生物医药等新兴产业布局力度，推进在辽钢铁、石化等企业绿色化改造（郝迎灿，2023）。辽宁省国资委主要领导带队，省属企业"组团"，先后拜访国机集团、国家能源集团、中煤地质总局、中建一局、中国五矿、通用技术集团等多个中央企业及其子企业。辽宁省国资委表示，要把存量的央地合作推向深入，更要把务实的目光放长远，求增量。中国中铁进一步加强与辽宁省在基础设施领域的合作，积极参与高铁、高速公路、轨道交通等重大工程勘察设计、施工建设、运营管理，盘活闲置楼宇等存量资产，谋划布局会展综合体项目（方亮等，2023），是央地合作领域深入的典型。为不断拓宽央企在辽合作领域，辽宁省国资委等部门积极邀请中央企业投资协会及部分会员企业来辽考察，拓宽辽宁省与中央企业的合作渠道，丰富合作内容与合作模式。

在改造提升传统制造业方面，辽宁与央企在资本、项目、创新等领域合作不断深化，加快传统制造业信息化、绿色化、智能化改造，推进石化、冶金等原材料及深加工行业补链、延链、强链。从投资领域看，电力热力生产和供应业、道路运输业、公共设施管理业占基础设施投资比重超80%，分别增长28.5%、24.1%和16.8%，起到了全省投资"稳定器"的作用。不仅为辽宁省经济发展打好基本盘，而且为基建等重点行业的中央企业驻辽发展提供契机。面向未来，辽宁省将继续支持和服务建筑业央企扩大在辽投资布局，特别是结合新业务、新方向、新兴产业建立子公司，积极引入优势产业，与省内建筑业企业建立长期合作伙伴关系，共同推动辽宁建筑业绿色低碳高质量发展（赵婷婷，2024）。就央地合作项目来看，产投集团与中航发燃机公司签约燃烧部件合作项目，组建新公司担当战略供应商。沈阳市更是围绕10条重点产业链，绘制产业地图，吸引央企聚焦航空航天、高端装备、集成电路等领域与辽宁省上下游企业深度联动。加大对先进制造业、战略性新兴产业、现代服务业、现代农业、海洋港口的支持力度，争取央企扩大在辽的产业布局，突出规模效应，加强央企与本地产业链、供应链合作，带动产业结构优化升级，实现高质量发展。

2.5.2　产业链条不断完善

2023年9月，习近平总书记主持召开新时代推动东北全面振兴座谈会时强调，"加快传统制造业数字化、网络化、智能化改造，推动产业链向上下游延伸，形成较为完善的产业链和产业集群"。辽宁省充分利用央企战略资源，实施"央企+"行动，深入推进央地合作，促进央地在重大项目、产业链延伸、市场资源配置等方面深度融合，形成富有时代感的高质量项目群，全力打好经济的一场"翻身仗"。整体来看，辽宁全力打造先进装备制造、石化和精细化工、冶金新材料、优质特色消费品工业4个万亿元级产业基地，做强做大数控机床等12个优势产业集群，培育壮大机器人等10个战略性新兴产业集群，积极对接战略性新兴产业焕新行动和未来产业启航行动，加快产业转型升级步伐。2023年以来，辽宁建立产业集群主要事项定期调度等机制，累计协调解决问题240余个。安排数字辽宁、智造强省专项资金10.37亿元，支持850个重点产业集群项目和企业开展技术改造、重大攻关、数字转型。截至2024年1月，辽宁22个重点产业集群集聚规上工业企业超3 500家，推进工业项目2 000余个、总投资8 000多亿元。

辽宁依靠创新把实体经济做实、做强、做优，积极扶持新兴产业加快发展，充分发挥中央企业资本、科技、管理、人才、市场和产业链、供应链等优势，推动产业基础再造、结构转型升级、产业配套完善，加速形成多点支撑、多业并举、多元发展的产业发展格局。辽宁借力央企技术优势，加快传统制造业数字化、网络化、智能化改造，推进新一代信息技术与传统产业深度融合。发展壮大传统产业集群的同时，积极培育战略性新兴产业集群，加快形成新质生产力。兵器工业集团精细化工及原料工程项目、锦州石化年产40万吨针状焦项目、中核集团年产300吨硼–10酸高科技新材料项目、华润三九国家中成药技术创新中心和产业化基地项目、中国核电钙钛矿太阳能电池科研项目等在辽宁省产业强链、补链、延链上起到重要作用。航空航天城，精密铸造特色工业园，汽车城产城融合示范区，和平湾、王家湾、西峡湾"三湾"核心板块综合开发等一批重大项目开工建设，成为产业投资虹吸之地。辽宁省属企业参与中央企业产业链融通发展共链及换新启航等行动，持续推动海洋牧场、碳追踪、沈大氢廊、奥体中心综合改造等一批重点示范项目。与中国国际工程咨询有限公司、国务院国资委研究中心等国家级智库合作，通过大数据分析，在战略性新兴产业、科技创新、生态环保、文化旅游等领域精准谋划项目。辽河油田、华锦集团、辽河石化、北沥公司与地方合资合作，衍生出一大批配套企业、合作项目，不断向下游延伸地方传统优势产业链条。上述重点项目作为央地合作发展、协同发展、共赢发展的重要载体，进一步促进全省经济社会持续健康发展。

2.5.3 项目质量不断提升

辽宁省央地合作已在全省各地区全面展开，各地紧密围绕国家重大战略和辽宁省全面振兴新突破三年行动方案，主动对接、积极沟通，谋划实施全局性、基础性、引领性重大工程。2023年，辽宁省聚焦实施若干重大工程，全力推进项目投资增数量、壮体量、上速度。遴选出产业结构优、带动能力强的签约和正在实施的重点项目182个，纳入省央地合作项目协调推进专班统筹服务推动，涵盖工业、交通、能源、仓储物流、市政及产业园区等多个重点领域。截至2024年上半年，已开工111项，完成投资404.2亿元，累计完成投资1 430亿元，项目签约数、落地率、开工速度领先全国。

从项目领域来看，2024年辽宁省一季度重点项目集中开工动员大会上共有1 153个新建项目集中开工，合计总投资3 166亿元，涵盖先进制造、科技创新、现代服务、基础设施、生态环保、清洁能源等多个领域，含金量、含新量、含绿量均较高，高度契合国家高质量发展要求。2024年一季度辽宁省重点项目所属领域具体如表2-3所示。

表2-3　　　　2024年一季度辽宁省重点项目所属领域统计

项目类型	数量	投资额（亿元）
工业项目	502	850
农业项目	112	102
基础设施项目	333	1 725
服务业项目	110	361
数字、科技、环保、社会事业项目	96	128

从投资体量看，已经实施的15项重大工程项目中，航空工业沈阳航空航天城项目，总投资337亿元；中航发集团航空动力研发及产业基地项目，总投资117亿元；数字辽宁联通赋能算力中心项目、西鞍山铁矿联合采选项目、中国电科光谷中电智谷项目、庄河抽水蓄能电站等15个在建项目完成投资241.6亿元；大连数谷产业项目，总投资210亿元；鞍钢东部矿区采选联合产能提升项目，总投资111亿元；兵器工业集团精细化工及原料工程项目，总投资837亿元；辽宁徐大堡核电厂1、2号机组项目，总投资421亿元；扬农葫芦岛大型精细化

工项目，总投资100亿元。辽宁省与央企合作重点项目中，超100亿元项目31个，超50亿元项目68个。扬农葫芦岛大型精细化工项目、航空工业沈阳航空航天城项目、徐大堡核电厂1、2号机组项目等超百亿元投资项目将为辽宁省投资稳增长提供有力支撑。2024年第一季度新开工项目中，亿元以上项目375个，总投资2 940亿元；10亿元以上项目53个，总投资2 242亿元；50亿元以上项目10个，总投资1 520亿元。辽宁省发展改革委遴选部分重点项目如表2-4所示。

表2-4 辽宁省发展改革委遴选部分重点项目

重点项目	投资额（亿元）
兵器工业集团精细化工及原料工程项目	837
辽宁徐大堡核电厂1、2号机组项目	421
大连金普新区南部现代时尚新城区建设项目	382
"社会投资人+EPC"模式和平湾生态科创示范区项目	360
航空工业沈阳航空航天城项目	337
大连数谷产业项目	210
沈阳东贸库历史文化街区及配套能源设施搬迁改造提升项目	210
大连市太平湾高端装备制造及新能源产业基地项目	150
中航发集团航空动力研发及产业基地项目	117
鞍钢东部矿区采选联合产能提升项目	111
扬农葫芦岛大型精细化工项目	100

从项目进展看，2023年多个央地合作重大项目陆续开工，为全省经济高质量发展提供有力支撑。辽宁省委和省政府主要负责同志先后与52家央企领导会商，与航空工业、中国中化、中粮集团等央企

签署战略合作协议20份，集中签约重点项目89个。其中，万亿级产业基地建设项目4个、重点产业集群建设22个、超100亿元项目31个、超50亿元项目68个，年度计划投资超过1 100亿元；新开工项目73个，年度计划投资近250亿元；续建项目89个，年度计划投资超860亿元；积极推进洽谈项目20个，力争取得突破性进展。和平湾生态科创示范区项目、沈阳市汽车城智慧示范片区及配套设施项目、大连金州湾国际机场项目、大连数谷产业项目、营口港鲅鱼圈北部港区散货工艺系统改造工程等67个项目顺利开工。其余项目均在抓紧开展谋划洽谈，加速推动前期工作。与华润集团合作的沈阳三台子万象汇商业综合体项目于2023年12月9日顺利启幕；与中建八局合作的沈阳智能计算中心新基建项目不断刷新项目"进度条"；沈北新区千亿级央地合作片区开发项目顺利启动，积极对接航空工业、通用技术集团等20余家央企；与中国铁建合作建设沈阳智能网联创新产业基地、与中国电建合作建设沈阳汽车城产城融合示范区等两个百亿级项目同时开工；中国五矿打造的和平湾生态科创示范区项目，成为沈阳市首个落地的百亿级央地合作项目。

从合作模式看，辽宁央地合作模式创新化、多元化，协同发展新模式不断涌现。一是加强央企与本地产业链、供应链合作，带动产业结构优化升级。沈阳产投集团与中航发燃机公司签约燃烧部件合作项目，组建新公司担当战略供应商。沈阳化工依托辽宁省和中央企业中国中化控股有限责任公司的央地合作平台，与国内相关高校、科研院所进行沟通交流，寻求合作。二是加强央企与本地资本合作，深入推进国企改革。沈鼓集团借助央企的资本、资源增量，闯出集团混改新模式，作为东北唯一入选全国国企改革三年行动的综合典型，申报辽宁省制度性创新成果。作为辽宁省国资委监管企业，本钢与中央企业鞍钢合并成为鞍钢下属企业。在并购之后，本钢引进先进管理模式与更具前导性的管理理念，采用"大吞小"主导模式，分别实现混改、债转股，完成了不良资产的处置和人员的消化（王海涛，2023）。三是加强央企与沈阳本地项目合作，创造区域经济发展新模式。沈阳市大东区政府同华润集团一起，对东贸库历史建筑进行活化利用。由政府发挥行政服务优势，央企发挥文体、商业、医养等业态的经营优势，做到激活市场积极性的同时，又兼顾政府规划导向和公共利益平衡。

3

域外传真，央地合作先进地区经验借鉴

3.1 贵州省经验

3.1.1 合作概况

贵州与中央企业有着深厚渊源。不论是在"三线建设"时期，还是在改革开放以后，中央企业在贵州省夯实工业基础、壮大工业经济、决胜脱贫攻坚等历史进程中均发挥了重大作用，并获得显著成效。中央企业来黔后，充分发挥引领作用，助力贵州相继建成了航空、航天、电子三大工业基地，并成为服务国家新一轮西部大开发战略的中流砥柱。在脱贫攻坚的主战场上，中央企业也发挥着"生力军、突击队、排头兵"的作用，彰显担当，帮扶脱贫。贵州省资源禀赋优异、科技文化事业兴盛、生态安全屏障作用突出，是我国重要的能源基地和资源深加工基地。近年来，贵州省委、省政府带领全省人民深入贯彻新发展理念，在战略区位、新技术产业等方面展现出显著的后发优势。以"云上贵州"为代表的大数据产业已成为贵州的一张靓丽新名片，取得的成果引起各方瞩目。贵州省自身发展潜力巨大，后发优势明显，经济增速连续9年位居全国前列，连续3年排名全国第一，为在黔投资企业创造了宽松的发展条件。

贵州发挥比较优势，紧密结合"六大产业基地"布局，以"全省一盘棋"作为统筹出发点，立足各市（州）资源禀赋、产业基础和比较优势，突出专业化、差异化、特色化发展方向。"六大产业基地"

既符合国家发展战略，又充分彰显贵州资源、区位、特色产业优势。2023年以来，贵州与国务院国资委、各中央企业密切沟通、联动，聚焦推进中国式现代化的贵州实践，推动央地合作向更宽领域、更深层次、更高水平迈进（管云，2023）。

3.1.2 合作路径与举措

（1）提质增效，实施重大项目牵引

贵州省以其优越的地缘资源和丰富的物产资源为重点，以重大项目建设为主要合作方式，吸引中央企业到黔投资，共同发展能源、大坝、航空、电子通信、大数据、军民融合等产业。以大数据产业为例，贵州具有大数据资源丰富、产业链规范化、高效率治理、资产化交易和全场景应用等特色。数据应用环境和政策环境优良，对于中央企业具有极大吸引力。近年来，更多中央企业抓住贵州数字经济发展的契机，共享发展成果。在此背景下，贵州建设了全国首个国家大数据（贵州）综合试验区，随之三大运营商、央行、苹果等一批国际级、国家级行业数据中心先后落地；华为、腾讯、阿里等中国大数据、互联网领军企业纷至沓来（袁燕和刘苏颉，2021）。中国华录集团、中国普天信息产业集团、中国电子、中国通号等大批央企助力贵州发展大数据产业，签约项目涉及大数据基础设施、大数据智慧城市等领域。中央企业投资贵州省部分项目和投资额如表3-1所示。

表3-1　　　　　　　　中央企业投资贵州省部分项目和投资额

时间	签约会议	项目（个）	投资额（亿元）
2011年至2015年	—	310	4 248.1
2016年12月22日	中央企业助力国家大数据（贵州）综合试验区建设座谈会暨签约仪式	88	860.6
2020年12月11日	2020年央企助力贵州发展大会	226	4 453.61
2023年12月21日	贵阳大数据科创城2023年第四季度招商引资项目集中签约活动	19	32.2

（2）优势互补，扩大在黔投资

2023年2月，国务院国资委印发《关于做好2023年中央企业投资管理进一步扩大有效投资有关事项的通知》（简称《通知》），要求中央企业把稳投资工作放在更加重要的位置，按照"抓紧推动实施一批、系统谋划新增一批、提前研究储备一批"的项目推进接续机制，落实年度投资计划安排，加快项目开工建设。《通知》释放出央企有效投资稳存量、拓增量的信号，更为贵州提供了强化与央企对接、引导央企在黔投资的崭新机遇。贵州也积极围绕"四新"主攻"四化"（新型工业化、新型城镇化、农业现代化、旅游产业化），不断增强高质量发展支撑，构筑起汇聚投资的"强磁场"，实现优势互补、各取所长。

党的十八大以来，在国务院国资委大力推动下，中国中铁、中国电建、中国航天科工、华润集团、招商局集团、南方电网、国家电投、大唐发电等一大批优秀的央企骨干，聚焦服务国家新一轮西部大开发战略，带资入黔，积极参与贵州能源、交通、水电等方面的建设，与贵州的合作领域持续拓宽、层次不断深化、成果不断涌现。"十四五"期间，国药集团围绕医药健康全产业链与贵州持续拓展合作领域，布局贵州全省市场，开展集中带量采购等项目。国药集团西部医疗产业园投用后，将围绕医疗器械生产制造、医药产品生产制造和医药产品流通服务三大环节运营，带动贵州医疗大健康产业形成集群优势。贵州林业产业央地深度合作开启，中林（贵州）集团有限公司在贵阳揭牌成立，计划在贵州建设2 000万亩国家储备林。中国石化织金50万吨/年PGA（聚乙醇酸）项目建设基地，项目总投资约237亿元，既体现出中国石化集团对贵州能源化工产业的青睐，更是产业未来延链提质的重要保障。

（3）聚焦重点，加速产业变革

贵州找准合作契合点，充分发挥在黔央企的产业链建设主体支撑和融通带动作用。以"六大产业基地"为牵引，优化产业布局，着力拉长长板、锻造新板、补齐短板，推动传统产业转型升级、新兴产业发展壮大，推动产业高端化、智能化、绿色化发展。把推进新型工业化作为全省高质量发展的首要任务，充分利用政策优势、资源优势、区位优势和要素优势，瞄准打造"3533"重点产业集群奋斗目标，以"富矿精开"推动矿产资源大省的产业链不断延伸，构建现代化产业体系，加速集聚新型工业化高质量发展的利好因素。依托央地合作，贵州成功承"势"聚能、聚"链"成群，激活了产业发展一池春水。新型综合能源基地建设提质增量，全国重要的资源精深加工基地建设提标扩面，新能源动力电池及材料研发生产基地建设提速进位，面向全国的算力保障基地建设蹄疾步稳，全国重要的白酒生产基地建设提档升级，全国重要的产业备份基地建设成果明显。贵州工业"脊梁"

愈发挺拔、产业"家底"日渐雄厚，承接产业转移的底气更足。其中，中国振华电子集团有限公司（简称振华集团）在锂电材料基础上，加快布局在黔钠电材料产业。振华集团旗下贵州振华新材料股份有限公司（简称振华新材）接连推出第一代和第二代层状氧化物钠电正极材料，在产业链上游抢占钠电发展先机，企业钠电正极材料已实现十吨级销售量。借势市场利好，企业加速钠电正极材料量产、扩产，通过持续创新提升产品性价比，突破资源瓶颈，开发新产品。贵阳经开区依托贵阳海信，引进厚维光电科技、卓英社光电科技等配套企业落户，提升了产品本地化配套率。花溪工业园通过标准厂房引进芯际探索，从进场到投入生产仅半年左右时间。

（4）完善机制优化发展环境

贵州持续打造以市场主体为贵、以政府诚信为贵、以办事效率为贵、以法治公平为贵的"贵人服务"品牌，让广大企业家"唱主角、站C位"，全力建设国内一流营商环境。一段时间以来，聚焦经营主体需求和民营经济发展，又连续出台《贵州省外来投资服务和保障条例》《营商环境整治专项行动方案》《贵州省市场监管系统营商环境大改善三年行动方案（2024—2026年）》等政策文件与优化营商环境改革举措，不断完善配套制度，营商环境建设迈上新台阶。

在引进中核汇能贵州能源开发有限公司、中电建新能源集团股份有限公司贵州分公司、国家电力公司全资子公司贵州国灿能源有限公司、中国东方电气集团有限公司等央企过程中，贵阳高新区积极倾听企业需求，致力于提供全面细致的"保姆式"服务，确保企业顺利落地并运营。贵阳市白云区设立央企服务工作专班，制定出台了《白云区央企服务和招商专班工作方案》，成立服务、招商、企业3个小组，紧紧围绕央企的生产及发展需求，做好服务和招商工作。乌当经济开发区不断深化"放管服"改革、加快"园区事园区办"步伐、持续优化营商环境等，组建园区事项帮办代办陪办团队，实行"五个一"跟踪服务机制，助推国药集团西部医疗产业园等央企项目快速落地。放眼全省，各地各部门也正加大对接力度、强化协调服务、拓宽沟通渠道、加强配套保障，为中央在黔企业做强做优做大营造良好环境。黔东南州坚持以"为市场解绊、为主体减负"为目标，聚焦服务流程、惠企政策、新业态发展，全力优化招投标营商环境，为企业发展赋能添力。仁怀市持续优化企业网格化包保模式（"行业主管部门+属地包保"），采取属地牵头、市直部门配合的方式，将市直部门干部力量充实到企业注册数量集中的"五街一镇"，有力缓解了属地包保压力。钟山区大力推进政务服务"2+2"模式改革，分区设置自然人综合受理窗口35个、法人综合受理窗口6个，以"前台受理大协作+后台审批小分工"的方式，让办事更简单、更便捷，实现了从"只进一扇门"到"只找一个窗"的转变。

面向未来，贵州省将按照《国务院国资委 贵州省人民政府关于支持贵州在新时代西部大开发上闯新路战略合作框架协议》相关内容，会同各市州政府和省直有关部门，扎实抓好战略合作框架协议的项目化、具体化，指导各市州政府和监管企业切实做好基础工作，尽快推动项目落地，确保各项工作有落实、出实效。同时，将紧盯"央企所能，贵州所需"，用好中央企业帮扶资源，主动做好协调服务，及时跟进中央企业定点帮扶项目实施。贵州省国资委还将着力提升服务，做好对接，在推动央地优势互补、互利共赢方面主动做好协调服务工作。

3.1.3 经验借鉴

（1）做好顶层设计，谋划重大项目招引

贵州坚持"项目为大、项目为重、项目为王"，下好项目谋划"先手棋"，绘好产业发展"全景图"，基本形成了"谋划一批、储备一批、实施一批"的良性循环。例如，在布局数字经济方面，系统谋划了"五园一区一港一镇一中心"，从规划设计到建设管理，从制定招商系列文件到体制机制保驾护航，从多种招商模式有机结合，到宣传推介区位优势和优惠政策，实行"一个项目、一个工作组、一份任务清单、一张进度表、一抓到底"的工作模式，精准发力，把"作战图"逐步转变为"实景图"。项目"滚滚向前"，得益于招商引资节节攀升。贵州紧紧围绕新区"两主两特"产业定位开展产业链招商引资，紧盯大数据产业，聚焦电子信息制造、软件和信息技术服务"一硬一软"，以最大决心、最有力举措、最过硬作风开展产业大招商，奋发有为汇聚高质量发展新动能（田锦凡等，2022）。

（2）做好政策有效供给

在推进央地合作的过程中，贵州不仅充分利用当地丰富资源开展招商引资，还在各类政策方面给予中央企业极大便利。在优惠政策方面，贵州有较低的电价保障、优惠的网络资费和充裕的土地资源，为企业发展提供有力的要素保障。例如，大数据产业，贵州通过大数据产业基金、专项资金等方式，优先支持落户贵州的大数据企业和项目。具体到市州、区县的项目会在税收优惠、财政奖励、厂房补贴、人才津贴等方面享有"一企一策"的优惠政策。通过了解企业诉求，全力为企业做好"保姆式"落地服务，设立中央企业服务专班，组建园区事项帮办代办陪办团队，不断完善机制优化发展环境，实行"一个项目、一个工作组、一份任务清单、一张进度表、一抓到底"的工作模式，实现服务央企精准施力，最终筑巢引凤。

3.2 海南省经验

3.2.1 合作概况

2018年4月以来，在琼新设央企子公司超过100家，超40家央企与海南省建立战略合作关系，不低于30家央企在琼建设总部基地，新设区域总部、结算总部或业务子公司达98家。招商局集团有限公司、中国中铁股份有限公司、中国机械工业集团有限公司、中国电子科技集团有限公司等央企在海南确定了海口国际免税城、南繁科技城、深海科技城等一批重点合作项目，成为海南省经济社会发展的重要力量（杨政，2022）。随着2020年7月海南省委办公厅、省政府办公厅联合印发《推进"百家央企进海南"行动方案（2020—2022）》，中央企业掀起了在海南开展资产并购的新一轮热潮，国资中央企业积极响应，纷纷与海南建立战略合作伙伴关系，加快布局海南。2023年3月28日，海南举办以"服务构建新发展格局 加快建设中国特色自由贸易港"为主题的央地深化合作座谈会，邀请68家央企面对面座谈，共商海南自贸港建设。海南与央企的"双向奔赴"，促进海南自贸港建设全面提质增速。

海南对央企而言具有极强吸引力，已成为央企投资的热土和央企发展的"蓝海"。其一，海南拥有得天独厚的政策优势。国务院国资委高度重视、全力支持海南自贸港建设，联合有关部门专门印发了《关于支持中央企业在推进海南自由贸易港建设中发挥更大作用的政策措施》，并多次组织央地对接活动。其二，对央企参与海南自贸港建设，省委、省政府高度重视。"十四五"期间，海南省牢牢把握贸易投资自由化、便利化的突破口和立足点，突出制度集成创新，建立自由贸易港政策制度体系。央企可利用自贸港政策，在土地资源使用、金融支持、产业政策、科技创新和贸易投资等方面与地方合作共赢。其三，经济基础与区位优势成为央企在琼发展的保障。海南东部区域经济发展基础较好，产业结构以旅游业和现代服务业为主，但西部区域有后发优势，重点规划的工业走廊及重点能源、港口建设项目较多，位于海南儋州的洋浦港自然条件良好（孟圆，2023）。央企可利用海南温度、深度、纬度优势，聚焦南繁、深蓝、深空，引领自贸港高新科技产业高起点起步、高质量发展。立足海南、借力自贸港优势，解决国际化过程中的问题，顺势推进国际化经营战略愿景和举措。

3.2.2 合作路径与举措

（1）主动发挥央企集聚效应

在深化央地合作过程中，海南积极发挥其资本、科技、产业链和供应链等优势，带动当地产业集聚，实现"1+1 > 2"的集成效应，推进海南现代化产业体系建设。围绕旅游业、现代服务业、高新技术产业和热带特色高效农业四大主导产业，聚焦南繁、深海、航天、生态环保、生命健康、人工智能和大数据等领域，加大央企在琼的投资力度。其中，旅游业、现代服务业吸引了央企目光，一批业界头部央企通过实体项目投资开发，正在将培育旅游业和现代服务业"新业态，新模式，新热点"的目标逐步变为现实。2022年10月，中国旅游集团海口国际免税城项目建成运营，年末销售额即突破10亿元；招商局大厦于同年竣工验收交付启用，定位为招商局集团旗下各产业发展集聚中心，以总部集群体打造产业协同，做实其海南区域总部。

能源和基础设施领域不乏央企身影。中核、中石化、中石油、中海油、华能、大唐、华电、国电投、中电建等一批央企，推进支撑性能源项目相继开建或建成投产，使海南省能源结构不断优化，助力自贸港碳达峰碳中和目标实现。海南首个500千伏省域数字电网、三大电信运营商跨境数据光纤、5G运用等新基建项目陆续建成投产。中远海运、国投、中建、中交、中铁、中铁建等一批央企，不断在构建海南自贸港现代综合交通运输体系中，建设或投资重点项目。

高新科技产业领域已有超1 500家企业聚力打造海南数字健康创新生态，为海南该产业后续发展夯实基础。在海南澄迈，由中国电子信息产业集团打造的海南生态软件园，有超1.35万家企业入驻，2022年营业收入突破2 300亿元，成为海南发展互联网产业的一张"名片"。42家生态圈创新创业高科技企业在三亚深海化合物资源中心落户，20余家海洋装备、检验检测领域的龙头企业在深海装备产业园一期入驻。在三亚深海科技城，招商局集团积极发挥央企优势，聚焦深海产业领域引入资源，为科技城累计引入企业280家，完成投资超过90亿元，产业集聚初步形成。中央企业与海南省合资设立海南国际商业航天发射有限公司，海南商业航天发射场一、二号工位项目正投资建设。大唐与东方电气、申能与上海电气、中海油、三峡与明阳、中电建与挪威石油等央企、民企、外企组成联合体，投资海上风电装备制造项目已经或即将开工建设。

（2）建立央企重点项目落地推进机制

海南省政府通过建立央企重点项目落地推进机制，保障央地合作项目顺利进行。在各项保障机制的促进下，仅 2021 年就有 29 个央企项目落户成功，如中国电信与海南省政府在海南自贸港第二批重点项目集中签约活动中签署了战略合作协议，发挥信息技术、云网平台等技术优势，在 5G 覆盖、海缆保障基地、国际通信出入口局、亚太国际海缆、国际数据中心、"智慧海南"建设等方面推进海南自贸港建设。中国航空工业集团有限公司所属中航通用飞机有限责任公司与海南省发展控股有限公司就中航三鑫控股权转让项目进行签约，以此为契机来推进海南通用航空领域的发展，逐步从合作建设新材料、新能源、高端装备制造维修保养基地等工业项目及综合服务基地等方面推进海南自贸港建设。海南省正在研究制定新阶段"百家央企进海南"行动方案，拟在前期广泛引入的基础上，聚焦科技创新、国际业务、重大战略投资三大重点，利用 3 年时间有针对性地再引入符合自由贸易港特色的 100 家央企。为了推动中央企业更好地了解海南自贸港政策及区位优势，海南省国资委还计划开展"央企投资海南行"活动，立足海南推进中央企业国际化战略，深化国际合作，计划引入央企国际总部 1~2 家，引领自贸港产业高起点起步、高质量发展。

与此同时，为吸引央企入驻海南，海南市政府推出以园区为央企主要招商平台的引资策略，争取政策支持的同时鼓励央企在海南设立区域总部、结算总部和业务子公司；参与重点产业园区、"五网"基础设施建设和美丽乡村建设；鼓励央企参与加快推进三亚崖州湾科技城、博鳌乐城国际医疗旅游先行区、洋浦石化产业基地、海口国际免税城、智能电网等重点园区和项目建设。

（3）着重加强全过程服务

《推进"百家央企进海南"行动方案（2020—2022）》（简称《行动方案》）撬动央企入驻海南的蓬勃之势。在《行动方案》实施过程中，省国资委本着"央企服务工作做得好不好由央企说了算""人人都是海南自贸港营商环境""事事有着落，件件有回音"的原则，围绕体制机制、解决困难诉求、优化服务理念等方面，致力于做好央企到琼投资建设的政策指导和日常对接服务工作。为切实改善营商环境，海南在立法上学习借鉴新加坡等地经验，出台了全国首个公平竞争条例等具有自贸港特色的地方性法规；推动落实《海南自由贸易港进一步优化营商环境行动方案（2022—2025年）》，构建高效便捷的政务服务环境和公平公正的法治环境；完善营商环境问题受理平台和核查督办机制，受理问题办结率超过86%；创新"税库联动退税"新机制，助力企业乘上退税"快车"；举办"省政府与企业家早餐会"、营商环境"病理剖析会"，一场场面对面、心贴心的恳谈，传递着海南职能部门的担当与诚意，支撑企业扎根海南发展的信心与决心，让企业吃下"定心丸"。针对入驻央企，海南省还建立驻琼央企闭环服务机制和入琼央企信息共享机制，搭建央企信息数据平台，推动实现央企信息电子化、项目化、流程化。专门设立中央企业服务处，建立央企联系人制度，建立"24小时央企服务绿色通道"，从合作洽谈到日常经营实现全过程服务。

3.2.3 经验总结

（1）依托园区建设现代产业体系

海南以产业园建设为依托，搭建招商引资平台，积极发挥其资本、科技、产业链和供应链等优势，配套产业链上中小企业，抓住海南自贸港建设的机遇，吸引各类央企产业聚集，带动当地产业集聚，实现"1+1﹥2"的集成效应。同时，积极构建现代产业体系，推动经济高质量发展，推进第三产业融入新发展格局，加强提升科技创新能力，打造种业、深海、航天科技创新高地。

（2）创新政策吸引投资

海南利用自贸港在研发、税收、人才、进出口等方面一系列优惠政策及先行先试的政策创新发展环境吸引央企赴琼投资。一批业界头部央企作示范，带动一大批省属企业和其他市场主体的实体项目。央企依托各项政策推进深度央地合作，围绕旅游业、现代服务业和高新技术产业等自贸港重点产业"各显神通"，在土地资源使用、金融支持、产业政策、科技创新和贸易投资等方面与地方合作共赢。在促进国资国企改革、不断夯实海南实体经济基础，增强产业竞争力的同时，立足海南肥沃的土壤，自身也获得了深远发展。

（3）注重优化营商环境

海南积极推进自贸港建设，不断优化营商环境，做到"事事有着落，件件有回音"。着力开展体制机制改革创新，以开放的姿态张开怀抱欢迎企业。大力推进司库体系建设，帮助企业打通境外资金合规入境渠道、降低综合融资成本、实现资金利用率最大化；优化服务理念，搭建央企信息数据平台，建立央企联系人制度；建立央企重点项目落地推进机制促进重点项目建设落地，为央企入驻做好后勤保障，消除后顾之忧；专门设立中央企业服务处，做好央企到琼投资建设的政策指导和日常对接服务工作，做好央企来琼发展的坚实后盾。

3.3 四川省经验

3.3.1 合作概况

四川央地合作由来已久。"一五"时期，数十万人参与修建宝成铁路，让四川有了北上的第一条铁路。三线建设时期，东方电气、中国二重、攀钢集团等一大批央企在四川落地生根，推动四川省国有经济、工业经济发展。改革开放，特别是西部大开发以来，越来越多中央企业参与四川地方经济建设，携手大开发、共谋大保护、共促大发展，在推动基础设施建设、能源资源开发、灾后恢复重建、脱贫攻坚和民生改善等方面贡献显著。时至今日，四川省抢抓"一干多支，五区协同"、"四向拓展，全域开放"和成渝地区双城经济圈建设等战略机遇，聚焦国内国际双循环，优化布局结构，建机制、搭平台务实推进各方合作，支持省属国有企业开展跨区域重大基础设施项目建设，推动四川企业加快抱团"走出去"，央地合作不断走深走实。以泸永江融合发展示范区为例，该示范区是重庆市政府和四川省政府共同确定的推动川渝毗邻地区加快融合发展的9大功能平台之一，也是成渝地区双城经济圈建设的重点任务之一。2023年1至11月，央企和川渝国企合作，助力泸永江融合发展投资在建的21个项目完成投资283

亿元，占年度投资计划的96.1%，超时序进度4.4个百分点。彼时现场签约的14个项目，协议投资金额近159亿元，涵盖了金融服务、电子信息、文体旅游、现代农业、现代物流等产业领域。如多式联运物流合作项目、西部（重庆）科学城港口枢纽项目、成渝新能源建设项目等类似项目的落地，有力促进了地方经济社会发展，实现多方共赢。

在良好的合作基础之上，四川省仍坚持对央地合作进行积极探索。东方电气和成都蜀都客车、四川能投、国机重装等一大批企业和部门合作推进的氢能产业探索可圈可点。2018年2月，四川省首个加氢示范站建成投用，搭载东方电气自主研发的氢燃料电池发动机及控制系统等核心零部件的氢燃料电池客车在成都市郫都区"跑起来"；东方电气建成的西部首条氢能及燃料电池批量生产线成功投产，其具备年产1 000套氢能燃料电池的能力，并为四川提供了百辆氢能物流车和客车；国家电网全力推进川电外送，四川水电外送电量（全口径）去年底突破"1万亿度"大关；中国中铁在川投资上千亿元，建设成都地铁、成都天府国际机场高速公路、西南总部大楼等；中国医药集团在川打造国内最大血液制品生产基地，与川投集团、四川大学、资阳市政府多方携手在川打造"中国牙谷"。央地合作的"四川故事"持续在巴蜀大地上开花结果。

3.3.2 合作路径与举措

（1）重点规划现代产业升级

四川省深入贯彻落实习近平总书记"坚持把发展特色优势产业作为主攻方向，因地制宜发展新兴产业"的重要讲话精神，在建设以新型工业化为主引擎的四川现代化产业体系上精准发力。大力实施工业兴省、制造强省战略，加快实施六大优势产业提质倍增行动，培育壮大战略性新兴产业，加快数实融合和传统优势产业等"老底子"转型升级。同时，依托既有的国家先进制造业集群、万亿级产业集群和国家中小企业特色产业集群、省级战略性新兴产业集群，培育壮大生物医药、氢化工、人工智能等战略性新兴产业、未来产业，大力发展数字经济的"5+1"现代产业体系。

由四川省自贡市富顺县与中国中铁科学研究院共同打造的富顺·中铁金仓现代农业产业园，是以农业为基本依托，将农业生产、农产品加工及农产品市场服务业有机地整合在一起，创新生产方式、经营方式和资源利用方式，实现农业产业链延伸和产业范围扩展，形成全产业链闭环的、绿色的、可持续发展的现代立体农业产业系统解决方案。中国稀土集团与四川省自然资源投资集团强强联合，深化央地合作。双方在守牢生态环境安全底线的前提下，有效整合四川省稀土资源，推动资源集中集约利用，共同推动四川稀土产业高质量发展，为四川稀土产业高质量发展注入了央地合作的新动力，推动四川将稀土资源优势、产业优势和创新优势转化为四川高质量发展的澎湃引擎。四川省成都市龙泉驿区始终坚持以科技创新为核心，以央地协同为抓手，大力发展航天装备产业，着力培育新质生产力。央地双方秉持提升国家战略能力的共同价值追求，协同协作，逐步形成以四川航天技术研究院为主，航天长征、航天燎原等企业为辅的产业布局，重点发展商业火箭、商业卫星、航天技术应用与服务等领域。在龙泉驿区，央地双方还共同打造龙泉驿区·四川航天融合发展公共服务平台、航天科普实践基地、航天研学（龙泉）实践教育基地等融合发展公共服务平台，持续推动航天产业与地方区域之间的产业联动及深度融合，形成"航天+"多业态文化品牌，构建起以"航天科技服务"为核心的科技旅游产业融合发展新格局，助力区域教育、旅游、文化创意等产业升级。

（2）主动搭建护航平台

四川省积极完善与中央企业合作的长效机制，探索创新央地合作平台，为中央企业在川投资发展创造良好的市场环境、政务环境。以顶层设计为牵引，四川省国资委于 2019 年出台了《四川省政府国有资产监督管理委员会关于建立完善央地合作长效机制的实施意见》，成为全国首个专门针对央地合作的政策支持文件。《意见》主要体现了三大特点：一是建立健全政策支持体系、工作推进机制和联络机制，强化对中央企业在川发展的协调服务；二是积极搭建多项央地合作对接平台，推动央地国有企业提升合作水平，实现信息共享、优势互补、互利共赢；三是突出全省国资国企整体发展理念，通过深入开展央地合作促进全省国有企业做强做优做大。目前，纳入央地合作长效机制范畴的各类中央在川一级企业共 103 户，涵盖了石油化工、水电开发、航空运输、军工、房地产开发和铁路、电力设计施工等行业企业。省国资委相关负责人表示，随着央地合作长效机制的建立和深化拓展，将逐步纳入更多中央在川一级企业。借助新搭建平台，央地合作的"四川故事"不断向内渗透、向外延伸，全力贯彻落实"一干多支、五区协同"和"四向拓展、全域开放"战略部署。

向内渗透方面，省国资委总结央地合作经验，大力开展"国企市州行"活动。先后与绵阳、宜宾、遂宁、凉山等 14 个市（州）政府签署了战略合作协议，搭建"国企项目合作交流平台"，组织开展项目对接及签约。"国企市州行"签约项目协议总金额约1.35万亿元，促进带动一批项目落地。四川省还推动国资国企积极融入成渝地区双城经济圈建设。2020年4月，川渝两地国资委在重庆签署"1+12"一揽子合作协议，除了两地地方国企外，中铁二院等央企也是重要的"座上宾"。广泛邀请央企参与活动，意在提供平台以便企业深度寻找更多适合的新项目，充分发挥央企的资金、技术优势，更好助力成渝地区双城经济圈建设。目前，"国企万州行"等系列活动也在加紧筹备中。

向外延伸方面，四川省积极搭建平台助力企业平稳健康"走出去"（杨耀源，2021）。为推动央地国企在融入"一带一路"建设中更充分地共享信息、整合资源，实现抱团发展、互利共赢，四川成立了国企融入"一带一路"建设合作发展联盟，选举中铁二院为联盟理事长单位，涵盖了东方电气、四川发展、四川长虹等24户重点央企国企。多年来，在川央企和四川省属国企在海外创造了多项"第一"和"之最"，包括贯穿东非和中南非的坦赞铁路、东非第一条电气化铁路亚吉铁路、东非最大的水电站、非洲最大的风力发电站、中国高铁"走出去"第一单"莫斯科—喀山"高铁项目等目前，四川国企海外项目遍及全球50多个国家和地区，项目总投资额突破1 270亿美元。

四川每年召开银企合作交流对接会，推动各大金融机构为中央在川企业的境内外发展扩大授信，提供更加丰富的金融产品和服务。为实现供需信息对接共享，大力推进西部陆海新通道沿线各省（自治区、直辖市）物流以及商贸产业企业交流合作，在四川国资国企的积极促成下，交通运输部水运科学研究院、湛江港（集团）股份有限公司、广西北部湾国际港务集团有限公司、川藏铁路公司、四川航空股份有限公司、中国铁路兰州局集团有限公司等500余家企业组建起西部陆海新通道物流产业发展联盟。2020年11月，"落实新时代西部大开发战略——四川省与中央企业合作发展座谈会暨项目签约仪式"的顺利举行成为谱写央地合作"四川故事"的新起点，央地合作在四川也将以此为契机，开启新征程，迈上新台阶。

3.3.3 经验借鉴

（1）聚焦做大产业集群，深化拓展央地合作

四川持续深化"央地合作"，先后举办"四川省与世界500强央企投资合作座谈会暨项目合作协议签署仪式""治蜀兴川再上新台阶央地合作座谈会"等系列活动，促进中央企业在川新设区域总部、分支机构8个，推动四川省与中央企业累计签约投资额1.09万亿元，中国铁建、长江三峡集团等一批超100亿元项目相继落户四川。同时，四川利用独特的区位优势和发展速度吸引多家央企合作，瞄准重大基础设施建设领域，配套产业链上中小企业，吸引各类中央企业产业聚集，绘好产业发展"全景图"，形成了"谋划一批、储备一批、实施一批"的良性循环，打造央地合作新样板。央企的加持在助力成渝地区双城经济圈建设、西部陆海新通道建设，推动基础设施联通水平提升，培育发展现代化都市圈、赋能西部金融中心建设等方面发挥了积极作用。

（2）打造协同发展生态

发挥央企在产业引领、资金规模、技术实力、人才资源等方面的优势，在服务成渝地区双城经济圈建设、西部陆海新通道建设等国家

战略中展现新作为；在基础设施建设、现代产业集群构建、内陆开放高地建设、民生事业发展、市属国资国企改革等重点工作领域，进一步巩固央地合作发展的良好局面。培育优势强企，引领产业发展，积极推进与四川全产业链合作，延链补链强链，实施系列稀土项目，做大做强四川稀土产业。以具体项目为载体加强合作，共同推动四川稀土产业高质量发展，为四川稀土产业高质量发展注入央地合作新动力。推进创新合作模式，在智能交通领域、航空产业领域、新兴能源领域等更多、更广区域里推动央地合作走向深层次。

（3）搭建平台，健全机制

央地合作"四川经验"的重要内容是通过强化机制保障和平台支撑来拓展新空间。注重了解央企诉求，健全政策支持体系，通过制定各类政策给予中央企业极大便利（例如，出台了全国首个专门针对央地合作的政策支持文件《四川省政府国有资产监督管理委员会关于建立完善央地合作长效机制的实施意见》）。建立工作推进机制和联络机制，主动靠前，全力为企业做好"保姆式"落地服务，提升中央企业在川发展的协调服务水平。四川国资委发挥国资国企优势，结合地方产业发展和特色优势，搭建央企和地方合作平台，助力央企和地方共同发展，有力推动成渝地区双城经济圈建设毗邻地区高质量发展。借助新搭建平台推动国资国企积极融入成渝地区双城经济圈建设，搭建平台助力企业平稳健康"走出去"。提升央地合作水平，实现信息共享、优势互补、互利共赢，突出全省国资国有企业整体发展理念，深入开展央地合作促进全省国有企业做强做优做大。

3.4 广东省经验

3.4.1 合作概况

作为国内经济最具活力的地区之一，广东对央企具有较大吸引力。总体而言，央企投资广东的参与度高，投资额大，央地合作领域不断拓展，合作规模不断扩大，合作层次不断提升，呈现多点开花的态势。近年来，为推进制造业高质量发展、推动粤港澳大湾区和深圳先行示范区建设、有力支撑"一核一带一区"发展格局，广东省政府也在已有合作基础上不断寻求新机遇、打造新样板，开启央地合作新篇章。

早在 2011 年，揭阳市政府先后与 12 家央企签署了项目合作协议，总投资额达 2 680 亿元，着力打造能源、化工、装备制造"三位一体"的重化工业发展格局；湛江牵手 7 家央企签约 1 462.31 亿元，通过重大项目建设来发展其延伸产业链条。2021 年 12 月 27 日，清远市政府分别与中国华电集团有限公司广东分公司等 6 家央企签订战略合作协议，总投资额达上千亿元；2022 年 5 月 31 日，深圳市争取与招商局集团合作，并开展了 17 项合作，打造央地合作新典范；2023 年 4 月 25 日，中建三局等 4 家央企与珠海市高新区达成战略合作，与区属国企珠海市高新建设投资有限公司共同完成 280 亿元的投融资规模，促成产城一体化建设。锚定央地合作新高度，广东继续积极吸引央企等外部资源来粤落地，主动向上寻求对接机会，持续发力央地合作，着力打造央地合作新样板，在央企总部疏解过程中赢得"金凤凰"的青睐。2023年6月27日国务院更新的央企名单中，南方电网、南方航空、华润、中广核和华侨城共5家央企总部迁入广东，广东成为除北上以外拥有央企总部最多的省份。

3.4.2 合作路径与举措

（1）国企"先行先试"为合作破题

自广东省政府与航天科工集团、中国石化集团、国家开发投资集团、华润集团等11家央企在广州签署战略合作框架协议以来，广东围绕产业合作、金融支持、能源升级等重点领域深化战略合作，充分发挥中央企业对广东经济社会发展的支持作用，助力经济社会高质量发展。央地双方携手发展新技术、新产业、新业态、新模式，培育新的经济增长点，打造央地合作共赢新样板。

不仅如此，广东依靠制度创新优势，全面实行"先行先试"模式，在城市更新等方面亦探索出"创新路径"。作为广东省"三旧"改造改革创新试点，黄埔区城中村改造大胆利用央地合作，充分调动各方优势资源，发挥地方国企与央企的互补作用。其中，在项目落地阶段，国企肩挑重担，灵活用好用足区内创新政策，解决了签约难、复建难、批复难的问题，很好地扮演了城市更新实施主体、城市建设主力军、政策落地先行者的角色。在子项目实施阶段，央企品牌形象好、资金实力雄厚、开发经验丰富、成本管控能力强、统筹资源配置能力强，有力破解了城中村改造规模大、周期长、资金需求量大等困境。除资金实力外，央企也为科学城集团多个城市更新项目提供片区发展定位、运作思路、实施路径等技术支持，这种央地合作的模式，大幅提升基础设施智慧化程度，帮助黄埔区实现城市产业功能提升、空间结构优化和环境面貌改善。

（2）紧跟国家重大战略步伐

广东省把握机遇、乘势而上，主动与央企签订战略合作协议，共同推动粤港澳大湾区和深圳先行示范区建设，助力"一核一带一区"发展格局，为其他省市央地合作提供有益启示。为全面贯彻落实国家"双碳"发展战略，进一步深化央地合作，共建绿色智慧低碳城市，广州城投集团与广州供电局正式签署《广州南方投资集团有限公司多元化改革合作协议》。广州城投集团成为南方电网旗下广东地区最大电力综合服务平台企业广州南方投资集团有限公司第一大股东。双方深化前瞻性产业赛道布局，打造央地合作新标杆。广州供电局以本次协议签订为契机，与广州城投集团围绕建立现代企业制度、健全市场化经营机制、推进科技创新攻关等方面，深化互促提升、实现共赢发展。持续强化股权纽带关系，充分依托城投集团功能型国有企业优势，提升南方投资集团企业活力和市场竞争力，重点支持打造新能源产业投资平台和城市级智慧能源战新产业中坚力量，全力推动南方投资集团持续高质量发展。

（3）深化央地资源互补

通过央地合作实现资源互补是广东深化国企改革，推动央地强强联合、优势互补的一种重要模式。广东是经济大省，也是能源消费大省，但同时也是"资源小省"。为开发利用能源、保障能源安全，广东抓住粤港澳大湾区和深圳先行示范区"双区"建设的重大历史机遇，进一步加强与中央企业在交通、能源基础设施及石化、汽车产业等领域合作，把中央企业的技术优势、资金优势与广东的市场优势、产业优势更好结合起来，共享机会、共赢发展。2024年3月14日，广东省人民政府与中国广核集团有限公司就进一步深化央地互利合作，围绕加强能源开发利用、共促绿色低碳发展等进行深入交流。2024年3月21日，广东省人民政府又与中国华电集团有限公司签署深化战略合作协议。两家央企与广东在核能开发利用、先进装备制造、新能源产业拓展上取得一系列合作成果，央地共赢发展成效显著。中国新华新闻电视网与广州市广播电视台深度合作，前者依靠广州特殊的区位优势和语言文化优势，推动新华社高端内容在粤港澳大湾区和共建"一带一路"沿线国家与地区落地传播，实现国内与国际的宣传共振；后者借助新华社的优质资源、高端内容、强势平台等，为推动党的创新理论"飞入寻常百姓家"拓宽新渠道。

3.4.3　经验借鉴

（1）吸引央企总部入驻

广东省发挥经济排头兵优势，充分结合自身所需，以重大项目建设为牵引，持续吸引央企加大对其投资力度，利用央企雄厚的资金实力、丰富的管理经验、超强的科技创新能力、优势明显的产业链整合能力推动自身各方面发展，吸引央企总部驻扎广东。如深圳数字经济核心产业规模居全国首位，吸引中国电子集团总部迁于此，深圳再添一家500强企业，央地强强携手加快打造国家网信产业核心力量和组织平台。

（2）发挥国企在央地合作中的主力军作用

充分调动各方优势资源，深化央地合作，发挥地方国企与央企的互补作用，国企肩挑重担"先行先试"为改革破题，央地合作

"双向奔赴"成趋势。以央地共同推进城中村改造为例，一方面，央企有内在合作需求，能够通过参与旧改项目，深度参与粤港澳大湾区的社会经济发展；另一方面，广州本地国企能帮助央企更快熟悉项目，及时响应诉求，快速协调资源。广东省能够紧抓国家战略部署和发展机遇，全力推动央地国资国企合作工作不断深化，并依据央地国企融合发展的实践需要，加快完善协同机制建设，搭建央地合作服务平台，强化合作的要素保障，接连探索出央地国企深度合作、联动发展的国资国企改革发展新路。在央地合作区域内，国资国企形成"一盘棋"，拧成"一股绳"，一大批央地合作项目精准对接，实现融合发展、合作共赢，为全国各地央地国企合作和改革发展提供有益借鉴。

（3）多举措助力融合发展

按照中央要求，落实党的十九届五中全会精神，广东省委、省政府积极落实"打造新发展格局的战略支点，重点是对接国内大市场、建立现代化流通体系"的发展理念，通过央地合作项目中的交通、能源基础设施来推动广东实现对接国内大市场、畅通国内大市场的经济循环。以签订与央企战略协议为契机，广东加强与央企沟通对接，积极跟进合作项目建设，明确要求相关市切实负起主体责任、省直有关部门强化跟踪服务，推动双方合作落到实处、见到实效；明确提出地方国企认真学习中央企业改革发展的好经验好做法，积极稳妥深化混合所有制改革，推动强强联合、优势互补，携手实现新的更大发展，为完善中国特色现代企业制度作出广东探索、广东努力。作为广东央地合作典范，深圳成立国企党建研究会，将落地的央企全部纳入其中，整合本市的资源禀赋，形成以党建为中心的一盘棋，创造区域央地合作发展一条心；构建联系服务、人才交流的纽带，与落地央企联合研究课题、组建课题研究力量以及打造国际协同推进赛等；"双招双引"，积极举办深圳企业创新发展大会等，凝聚央地合作共识，立足地方所需、发挥央企所长，充分运用好央企和深圳的比较优势和资源禀赋，推动央企加大在深战略布局，促进央企与深圳市"20+8"产业链和供应链对接。

3.5 山东省经验

3.5.1 合作概况

央企在山东投资布局的项目数量多、体量大、质量好，走集群化、规模化、高端化路线，具有合作领域广、产业层次高、合作形式多样、推进速度快的特点。地方国有企业作为主力军，在推动国企改革、动能转换的过程中围绕改制上市、兼并重组、技术合作、资源整合等方面深化与央企合作，实现技术增量、管理增量、资本增量、智力增量。不断巩固扩大原有成果，跟进推动签约项目落实落地，深化已实施项目的合作，发挥裂变效应，达到"引来一个、跟进一批"的效果。山东国有企业加大与央企对接沟通力度，呈现"一多三高"特点：一是项目多；二是工业项目占比进一步提高，达到44.6%；三是新基建项目占比高，达到8.9%；四是颐养健康、文化旅游类项目占比高，达到16.07%。瞄准在新旧动能转换"五年取得突破"中当好"主力军""排头兵"，2021年起山东国资国企还进一步健全与中央企业、世界500强、行业领军企业的长效合作机制，深入实施开放式、市场化、国际化合作，促进优势互补。

3.5.2　合作路径与举措

（1）打造"国际客厅"

为聚焦优势资源，释放乘数效应，青岛上合示范区在国务院国资委的大力支持和打造"一带一路"国际合作新平台的全局统筹下，与央企谋而后定，推出了央地合作创新性实践：上合"一带一路"央企"国际客厅"。

从定位来看，"国际客厅"就是要打造成为央企面向上合组织国家和共建"一带一路"沿线国家的信息交流与合作交易中心、对外展示及带动产业聚集发展基地，旨在为央企搭建与上合组织国家和共建"一带一路"沿线国家交流合作的新平台，为青岛开放创新开辟出全新发展空间。从功能来看，"国际客厅"为进入中国市场的各国企业、商会以及有意对接国际的中国地方政府、企业提供集展示、推介、路演、接洽、交易等功能于一体的平台，并提供法律、审计、会计、签证、生活等全方位配套服务。建设央企与上合组织国家的信息交流与合作交易中心，实现信息共享、资源互补，探索形成展示、洽谈、采购、外包等一体化的服务新平台。形成与上合组织国家商协会常态对接机制，引导上合组织各国在示范区央企"国际客厅"设立展示平台和代表机构，通过国外商协会渠道，有效开展上合组织国家企业界商务交流活动。

青岛与央企在资源统筹、产业路径等层面不断磨合，最终在打造"一带一路"国际合作新平台这个坐标中找到契合点。2019年在"央企青岛四季行"中，青岛市收获了82家央企的66个重点项目，获得了超过1 700亿元投资。青岛建立的"央企青岛四季行"招商对接平台，已成为全国主动对接央企精准招商的城市样板。"国际客厅"作为央地双方在合作模式上的谋而后动，亦为央地招商对接、央地合作打造出全新范式。利用上合示范区的平台载体，青岛将实现与央企更深层面、更广领域的合作，同时也将实现央企与共建"一带一路"沿线国家及上合成员间资源互换、产业合作，开创区域发展、国际合作的新局面。

（2）深化服务机制

山东省不断加大与中央企业的合作力度，拓宽合作途径，创新合作方式，实现互利共赢，共谋高质量发展。早在2017年，山东就专门成立由省领导担任组长的山东与央企合作协调推进机构。继出台推进新一轮高水平对外开放20条意见，山东还在加快研究制定打造对外开放新高地的实施意见，申请设立自由贸易港，争取将山东作为中日韩地方经济合作示范区，塑造对外开放新优势。为此，一批含金量高的政策将加快出台，一批富有投资潜力的项目将加快推出，这也将为央企带来更多投资机会。

围绕打造最优营商环境，山东"放管服"改革不断深化，首批公布了3.6万项"零跑腿"和"只跑一次"事项，政府效能不断提升。在十强产业这一重点合作领域，山东省国资委定期梳理汇总中央企业在山东发展遇到的各类问题，向有关方面反映，与地方政府和省属企业一起为深化与中央企业的合作及项目落地做好服务；在国家政策许可的情况下，对已签约合作项目在规划、用地、环保、资金等方面给予更多支持。

山东坚持深化央地合作，持续筛选储备投资潜力大的合作项目。在与华润集团合作，共同建设大健康产业板块过程中，山东简化审批流程，特事特办，特事特批，为下一步全业态、圈地式的覆盖打好了坚实基础。山东储备的合作项目中，不乏农业产业化、农村基础设施建设项目。山东将全力支持央企将资源要素和先进的经营管理理念扎根齐鲁沃土，为打造乡村振兴的齐鲁样板添砖加瓦。为确保国氢科技项目顺利落地，山东济南新旧动能转换起步区成立专门的氢能工作专班，不仅为企业快速落地找到了过渡厂房，还帮助企业在起步区找到了氢能落地的应用场景。专班采用周调度的工作机制，每周相关的部门凑到一起来进行会商，遇到一些堵点、难点和卡点的问题，专班相关业务主管部门一起会商解决。

（3）多元化合作

山东围绕全省"八大发展战略""十强产业"以及新旧动能转换需要，进一步加大沟通协调力度，主动与国务院国资委及央企对接，发挥各自优势，合作共赢，促成更多大项目、好项目落户山东。加快引进央地合作项目的同时，山东还持续深化股权投资等深层次合作。2021年4月，国家开发投资集团通过现金增资7.5亿元，获得山东特检集团51%股权，成为控股股东，标志着国投与山东省共同推进央地混改取得重大成果。中央企业充分发挥在体制机制以及资金等各方面的优势，与山东省优势产业进行联合。有了央企的资源加持，2021年1—8月，山东特检集团实现营业收入3.33亿元，同比增长54.78%。2021年9月，山东省属企业各级子企业混改户数占比已达到69.5%。

除项目引进与央企投资外，山东央地合作方式也有创新之处。中国石化胜利油田与东营市建立双向选派干部挂职机制，同时成立专门机构，推动优质人才合作和项目转化。胜利油田已有100多项科技成果，通过共同研发、技术许可、技术转让等方式在山东实现了转化落地，着力建立油田产业利益共同体，突出城市规划与油田发展的一体化设计，充分利用双方的优势资源，加快新旧动能转化，加快重点项目的推进。2022年，胜利油田与地方政府签订油地融合发展合作框架协议，将在页岩油勘探开发、新能源合作等8个重点领域开展合作。充分利用油田的科技、人才、产业链还有在土地方面的资源优势，突出了城市规划和油田发展的一体化设计，在能源保障、绿色低碳、城市更新等领域开展更深层次、更高水平的合作。

3.5.3　经验借鉴

（1）拓展合作渠道，主动靠前服务

山东拓展央地联系渠道、主动靠前服务促进央地合作的做法，对其他省市央地合作具有借鉴意义。通过建立国资国企重大招引项目信息库，收集整理中央企业集团驻鲁分、子公司联系方式，建立起常态化沟通联系渠道。在驻鲁中央企业座谈会后统筹建立央企签约项目台账，积极沟通协调，拓宽央地联系渠道。省国资委借助活动契机，以推动项目落地为抓手，同与会央企开展全方位、多层级、高频度对接交流。强化为企服务意识，突出问题导向，勇于解决问题，以优质金融服务助力企业高质量发展。地方监管局鼓励金融机构提高产品创新和服务精度，为企业提供常态化、全方位、个性化的金融服务，营造优质融资环境，为全域经济社会高质量发展贡献金融力量。建立服务企业工作专班，专班采用周调度的工作机制，遇到难题，专班与相关业务主管部门一起会商解决，做好央企服务保障工作。

（2）抓好项目落地，深化合作机制

山东不断加大与中央企业的合作力度，拓宽合作途径，创新合作方式，实现互利共赢，共谋高质量发展。华润集团发挥人才、资金、产业配套、技术等方面的优势，先后与山东省济南市、烟台市等签订战略合作协议，在空白区域建立分、子公司，大力推进大器械、大医疗公司的建立进程。国氢科技与济南新旧动能转换起步区合作的发电燃料电池、功能燃料电池、车用燃料电池3个项目全部实现商业化投运。建立双向选派干部挂职机制，充分利用双方优势资源，加快新旧动能转化，加快重点项目推进，深化央地合作，实现互利共赢。

4

未雨绸缪，央企在辽布局领域
精确识别

4.1 央企在辽发展领域

截至 2024 年 9 月，国务院国资委履行出资人职责的中央企业共 97 家。这 97 家企业涉及核电、军工、航空航天、石油化工、电力、能源、电信、汽车制造、机械制造、钢铁、物流运输、建筑工程、铁路运输等领域，具体名录如表 4-1 所示。

表4-1   国资委履行出资人职责的央企名录

序号	企业（集团）名称	总部所在地	类型
1	中国核工业集团有限公司	北京	国防军工类
2	中国航天科技集团有限公司	北京	国防军工类
3	中国航天科工集团有限公司	北京	国防军工类
4	中国航空工业集团有限公司	北京	国防军工类
5	中国船舶集团有限公司	上海	国防军工类
6	中国兵器工业集团有限公司	北京	国防军工类
7	中国兵器装备集团有限公司	北京	国防军工类
8	中国电子科技集团有限公司	北京	国防军工类
9	中国航空发动机集团有限公司	北京	国防军工类
10	中国融通资产管理集团有限公司	北京	国防军工类
11	中国石油天然气集团有限公司	北京	能源电力类
12	中国石油化工集团有限公司	北京	能源电力类
13	中国海洋石油集团有限公司	北京	能源电力类
14	国家石油天然气管网集团有限公司	北京	能源电力类

续表

序号	企业（集团）名称	总部所在地	类型
15	国家电网有限公司	北京	能源电力类
16	中国南方电网有限责任公司	广东广州	能源电力类
17	中国华能集团有限公司	河北雄安	能源电力类
18	中国大唐集团有限公司	北京	能源电力类
19	中国华电集团有限公司	北京	能源电力类
20	国家电力投资集团有限公司	北京	能源电力类
21	中国长江三峡集团有限公司	湖北武汉	能源电力类
22	国家能源投资集团有限责任公司	北京	能源电力类
23	中国电信集团有限公司	北京	信息通信类
24	中国联合网络通信集团有限公司	北京	信息通信类
25	中国移动通信集团有限公司	北京	信息通信类
26	中国卫星网络集团有限公司	河北雄安	信息通信类
27	中国电子信息产业集团有限公司	广东深圳	信息通信类
28	中国第一汽车集团有限公司	吉林长春	装备制造类
29	东风汽车集团有限公司	湖北武汉	装备制造类
30	中国一重集团有限公司	黑龙江齐齐哈尔	装备制造类
31	中国机械工业集团有限公司	北京	装备制造类
32	哈尔滨电气集团有限公司	黑龙江哈尔滨	装备制造类
33	中国东方电气集团有限公司	四川成都	装备制造类
34	鞍钢集团有限公司	辽宁鞍山	矿产资源类
35	中国宝武钢铁集团有限公司	上海	矿产资源类
36	中国矿产资源集团有限公司	河北雄安	矿产资源类

续表

序号	企业（集团）名称	总部所在地	类型
37	中国铝业集团有限公司	北京	矿产资源类
38	中国远洋海运集团有限公司	上海	交通运输类
39	中国航空集团有限公司	北京	交通运输类
40	中国东方航空集团有限公司	上海	交通运输类
41	中国南方航空集团有限公司	广东广州	交通运输类
42	中国中化控股有限责任公司	河北雄安	农业类
43	中粮集团有限公司	北京	农业类
44	中国五矿集团有限公司	北京	矿产资源类
45	中国通用技术（集团）控股有限责任公司	北京	投资商业、服务类
46	中国建筑集团有限公司	北京	建筑工程类
47	中国储备粮管理集团有限公司	北京	农业类
48	中国南水北调集团有限公司	北京	建筑工程类
49	国家开发投资集团有限公司	北京	投资商业、服务类
50	招商局集团有限公司	香港特别行政区	投资商业、服务类
51	华润（集团）有限公司	香港特别行政区	投资商业、服务类
52	中国旅游集团有限公司〔香港中旅（集团）有限公司〕	香港特别行政区	文旅类
53	中国商用飞机有限责任公司	上海	交通运输类
54	中国节能环保集团有限公司	北京	能源电力类
55	中国国际工程咨询有限公司	北京	建筑工程类
56	中国诚通控股集团有限公司	北京	投资商业、服务类

续表

序号	企业（集团）名称	总部所在地	类型
57	中国中煤能源集团有限公司	北京	矿产资源类
58	中国煤炭科工集团有限公司	北京	矿产资源类
59	中国机械科学研究总院集团有限公司	北京	装备制造类
60	中国钢研科技集团有限公司	北京	矿产资源类
61	中国化学工程集团有限公司	北京	矿产资源类
62	中国盐业集团有限公司	北京	矿产资源类
63	中国建材集团有限公司	北京	建筑工程类
64	中国有色矿业集团有限公司	北京	矿产资源类
65	中国稀土集团有限公司	江西赣州	矿产资源类
66	中国有研科技集团有限公司	北京	矿产资源类
67	矿冶科技集团有限公司	北京	矿产资源类
68	中国国际技术智力合作集团有限公司	北京	投资商业、服务类
69	中国建筑科学研究院有限公司	北京	建筑工程类
70	中国中车集团有限公司	北京	装备制造类
71	中国铁路通信信号集团有限公司	北京	信息通信类
72	中国铁路工程集团有限公司	北京	建筑工程类
73	中国铁道建筑集团有限公司	北京	建筑工程类
74	中国交通建设集团有限公司	北京	建筑工程类
75	中国信息通信科技集团有限公司	湖北武汉	信息通信类
76	中国农业发展集团有限公司	北京	农业类

续表

序号	企业（集团）名称	总部所在地	类型
77	中国林业集团有限公司	北京	矿产资源类
78	中国医药集团有限公司	北京	医疗类
79	中国保利集团有限公司	北京	投资商业、服务类
80	中国建设科技有限公司	北京	建筑工程类
81	中国冶金地质总局	北京	矿产资源类
82	中国煤炭地质总局	北京	矿产资源类
83	新兴际华集团有限公司	北京	矿产资源类
84	中国民航信息集团有限公司	北京	交通运输类
85	中国航空油料集团有限公司	北京	交通运输类
86	中国航空器材集团有限公司	北京	交通运输类
87	中国电力建设集团有限公司	北京	能源电力类
88	中国能源建设集团有限公司	北京	能源电力类
89	中国安能建设集团有限公司	北京	能源电力类
90	中国黄金集团有限公司	北京	矿产资源类
91	中国广核集团有限公司	广东深圳	能源电力类
92	华侨城集团有限公司	广东深圳	文旅类
93	南光（集团）有限公司［中国南光集团有限公司］	澳门特别行政区	文旅类
94	中国电气装备集团有限公司	上海	能源电力类
95	中国物流集团有限公司	北京	投资商业、服务类
96	中国国新控股有限责任公司	北京	投资商业、服务类
97	中国检验认证（集团）有限公司	北京	投资商业、服务类

4.1.1　国防军工类

辽宁省作为中国重要的军工基地，是军工大省，在国防和军事装备制造方面发挥着关键的作用。中央驻辽军工企业经济运行保持良好发展势头，以航空、船舶、核技术装备等为代表的军民融合产业格局初步形成。国防军工类央企如表4-2所示。

表4-2　　　　　　　　　　　　**国防军工类央企**

行业	序号	企业（集团）名称	国资委网站排序	总部所在地
国防军工类	1	中国核工业集团有限公司	1	北京
	2	中国航天科技集团有限公司	2	北京
	3	中国航天科工集团有限公司	3	北京
	4	中国航空工业集团有限公司	4	北京
	5	中国船舶集团有限公司	5	上海
	6	中国兵器工业集团有限公司	6	北京
	7	中国兵器装备集团有限公司	7	北京
	8	中国电子科技集团有限公司	8	北京
	9	中国航空发动机集团有限公司	9	北京
	10	中国融通资产管理集团有限公司	10	北京

（1）中国核工业集团有限公司

中国核工业集团有限公司（简称中核集团）是经国务院批准组建、中央直接管理的国有重要骨干企业，是国家核科技工业的主体、核能发展与核电建设的中坚、核技术应用的骨干，拥有完整的核科技工业体系。中核集团先后创造了"中国第一颗原子弹爆炸成功""中

国第一颗氢弹爆炸成功""中国第一艘核潜艇成功下水""中国第一座
自行设计建造的核电站——秦山核电站并网发电""中国自主知识产
权三代核电技术——华龙一号全球首堆开工建造""中国自主研发的
第一座快中子反应堆"等多项"新中国第一"；积极拓展核能应用范
围，自主研发了多用途模块式小型反应堆（"玲龙一号"）、"燕龙"
泳池式低温供热堆等多种堆型和中国环流器二号A核聚变研究装置；
拥有极少数国家才具备的完整核科技工业体系；是中国核能发展与核
电建设的主力军，中国唯一的专营核燃料生产商、供应商和服务商，
成功研制我国首个大型先进商用压水堆燃料组件CF3，满足核能系列
化、型谱化需求；是铀地质矿冶的国家队和主力军，建成新疆、内蒙
古两大地浸采铀绿色矿山；是国家核工程建设的龙头，连续30余年
不间断从事核电建造，涵盖世界上几乎所有核电主流及科研堆型；是
核环保产业的国家队，建成大型核设施退役和放射性废弃物治理基
地；是国内最大的核技术应用企业，具备国内80%的研发生产能力，
核医学药物在中国市场的供应量达到70%以上；是中国唯一实现批
量出口核电站的企业。中核集团与辽宁在能源方面保持着深度合作，
布局众多新能源等重大项目，推进辽宁清洁能源强省建设。

（2）中国航天科技集团有限公司

中国航天科技集团有限公司（简称航天科技）是在我国战略高技
术领域拥有自主知识产权和著名品牌，创新能力突出、核心竞争力强
的特大型国有企业，是我国航天科技工业的主导力量、国家战略科技
力量、国家科技创新的排头兵。成立于1999年7月1日，其前身源于
1956年成立的国防部第五研究院，历经第七机械工业部、航天工业
部、航空航天工业部、中国航天工业总公司和中国航天科技集团公司

的历史沿革。其主要从事运载火箭、各类卫星、载人飞船、货运飞船、深空探测器、空间站等宇航产品和战略导弹、战术导弹、无人系统等武器产品的研究、设计、生产、试验和发射服务。同时，依托航天核心技术与资源，大力发展卫星应用、无人系统与高端装备制造、新材料、电子信息与智慧产业、节能环保与新能源等航天技术应用产业，以及产业投资、金融服务、产品进出口等航天服务业，是我国境内唯一广播通信卫星运营服务商，我国影像信息记录产业中规模最大、技术最强的产品提供商。中国航天科技与辽宁省在航天技术应用、新能源等领域开展合作，充分发挥航天科技集团的技术优势和辽宁省的产业基础及资源优势。

（3）中国航天科工集团有限公司

中国航天科工集团有限公司（简称航天科工）是我国航天事业和国防科技工业的中坚力量，航天强国建设和国防武器装备建设的主力军，是我国战略性、高科技、创新型中央骨干企业。航天科工现拥有一批国家重点实验室、国家工程技术研究中心、国防科技重点实验室、国防科技工业创新中心；已建立起完整的空天防御导弹武器系统、飞航导弹武器系统、弹道导弹武器系统研制生产体系；武器装备整体水平国内领先，部分专业技术和产品达到世界先进水平；荣获国家科学技术进步奖特等奖5项、中国专利金奖3项以及一大批国家级、省部级科技奖励。中国航天科工与辽宁省开展了多层面、宽领域的央地合作，沈阳市也积极为航天科工集团所属企业协调解决土地确权、税费减免等困难诉求，帮助企业节省费用，推动央地合作项目落地落实。

（4）中国航空工业集团有限公司

中国航空工业集团有限公司（简称航空工业）是由中央管理的国有特大型企业，是国家授权的投资机构，于2008年11月6日由原中国航空工业第一、第二集团公司重组整合成立。集团公司设有航空武器装备、军用运输类飞机、直升机、机载系统、通用航空、航空研究、飞行试验、航空供应链与军贸、专用装备、汽车零部件、资产管理、金融、工程建设等产业。航空工业是中国航空事业的中流砥柱，为中国乃至世界输送源源不断的航空科技成果以及科研产品与服务。作为中国军民用航空装备的主要研制企业，航空工业自主创新活跃，科研成果丰硕，科研水平占据行业领先地位，是可以全系列研发各型航空器、航电系统、机电系统等全品产业链，并能实现完全自主保障的公司，具有较强的自主创新能力。中国航空工业与辽宁省携手打造飞行器机体快速研制试验证平台，共同发起成立新时代东北（辽宁）国有企业高质量党建研究基地，深化航空产业合作。

（5）中国船舶集团有限公司

中国船舶集团有限公司（简称中国船舶）是于2019年10月14日由原中国船舶工业集团有限公司与原中国船舶重工集团有限公司联合重组成立的特大型国有重要骨干企业，拥有我国最大的造、修船基地和最完整的船舶及配套产品研发能力，是全球最大的造船集团。中国船舶是海军武器装备科研、设计、生产、试验、保障的主体力量，坚持把军工科研生产任务作为政治责任和首要任务，承担以航母、核潜艇为代表的我国海军全部主战装备科研生产任务，为海军转型发展提供了有力支撑；是我国船舶工业发展的国家队、主力军，培育了国产大型邮轮、液化天然气运输船、超大型集装箱船等集研发、制造、配套为一体的世界级海洋装备先进产业集群，不断向全球产业链和价值链高端延伸，引领我国由世界第一造船大国走向造船强国，为我国经济社会发展和全球海洋事业发展做出了重要贡献。长期以来，中国船舶积极参与并服务辽宁振兴发展，携手为共和国船舶工业创造出很多不平凡的业绩，双方产业协同性强，在船舶制造、海工装备、风电装备、海洋牧场等领域合作前景广阔、潜力巨大。

（6）中国兵器工业集团有限公司

中国兵器工业集团（简称中国兵工）作为党执政兴国的重要依靠力量，是国家战略科技力量的重要组成部分，是国家安全和国防建设的主力军。是各大军工集团中唯一一家面向陆军、海军、空军、火箭军、战略支援部队以及武警公安提供武器装备和技术保障服务的企业集团，除了为陆军提供坦克装甲车辆、远程压制、防空反导等主战装备之外，还向各军兵种提供智能化弹药、光电信息、毁伤技术等战略性、基础性产品。同时，兵器工业集团积极推进军工技术民用化、产业化，集中力量打造汽车零部件、工程机械设备、铁路产品、石油化工、特种化工、民爆、光电信息、北斗产业、智能制造、应急产业等先进制造业板块和贸易流通、工程技术管理、金融服务等现代服务业板块；深入贯彻落实国家"一带一路"倡议，着力推动我国装备"走出去"和国际产能合作，大力发展军贸、战略资源开发、国际工程承包、产品出口及技术引进等国际化经营业务。由中国兵工下属子公司北方华锦负责的精细化工及原料工程项目是中沙两国元首共同见证并推动的中沙全面战略合作项目，是央地务实合作的重大项目，对辽宁加快打造万亿级石化和精细化工产业基地、构建现代化产业体系意义重大。

（7）中国兵器装备集团有限公司

中国兵器装备集团有限公司（简称兵装集团）是国防科技工业的核心力量，是国防建设和国民经济建设的战略性企业，培育出"长安""建设""保变电气"等具有广泛社会影响的知名品牌；产品主要覆盖单兵班组、末端防御、突击压制、先进弹药等多个领域，装备我国陆、海、空、火箭军及公安、武警等国家所有武装力量；是中国最大的自主品牌汽车制造企业；汽车零部件涵盖了发动机、变速器、底盘等主要产品；输变电产业瞄准高端产品领域不断深化自主创新，参与研制的"特高压交流输电关键技术、成套设备及工程应用"项目获国家科技进步奖特等奖；在光电信息、高端装备制造、医药健康、新材料、金融服务等领域拥有多个专精特新冠军企业。沈阳市多次与兵器集团就汽车及零部件、智能网联等领域深入洽谈，积极引入其资本参与重点行业资源重组和专业化整合。

（8）中国电子科技集团有限公司

中国电子科技集团有限公司（简称中国电科）是中央直接管理的国有重要骨干企业，是我国军工电子主力军、网信事业国家队、国家战略科技力量，拥有电子信息领域相对完备的科技创新体系，在电子装备、网信体系、产业基础、网络安全等领域占据技术主导地位，肩负着支撑科技自立自强、推进国防现代化、加快数字经济发展、服务社会民生的重要职责。自1949年新中国成立以来，经历了第一机械工业部、第三机械工业部、第四机械工业部、国防科委第十研究院、机械电子工业部、电子工业部、信息产业部等历史变迁，2002年3月，经国务院批准，在原信息产业部直属46家电子类科研院所及26户企业基础上组建中国电子科技集团公司，2017年12月，完成公司制改制，更名为中国电子科技集团有限公司。多年来，中国电科积极投身辽宁振兴发展，形成了良好的合作关系，在辽宁发展集成电路、特种材料、数字经济产业等方面发挥了重要作用。中国电科与辽宁省政府签署了战略合作框架协议，将加大在辽投资和产业布局力度，推动发展辽宁集成电路产业；加大对企业在辽相关科研院所的资源投入；推动数字产业化和产业数字化，以数字化赋能辽宁装备制造业转型升级、推进社会治理；加大对在辽企业中国华录的支持力度，更好地服务地方经济社会发展。

（9）中国航空发动机集团有限公司

中国航空发动机集团有限公司（简称中国航发）于2016年8月28日正式挂牌成立，肩负着加快实现航空发动机及燃气轮机自主研发和制造生产、建设航空强国的重大责任，是国内具备完整军民用航空发动机研发制造试验保障能力的企业。主要从事航空发动机、辅助动力、燃气轮机、飞机和直升机传动系统的研制、生产、维修和服务，航空材料及其他先进材料的研发与制造。其设计生产的涡喷、涡扇、涡轴、涡桨、活塞发动机和燃气轮机等产品，广泛配装于各类军民用飞机、直升机和大型舰艇、中小型发电机组，客户涉及航空、航天、船舶、能源、交通等多个领域，为我国国防武器装备建设和经济社会发展作出了突出贡献。中国航发在辽宁设有多家核心子公司，并与辽宁省政府在航空发动机和燃气轮机产业、科技、人才、资本等领域签订战略合作。

（10）中国融通资产管理集团有限公司

中国融通资产管理集团有限公司（简称中国融通）是中央管理的商业类国有独资公司，由国务院国资委履行出资人职责，在推动产业结构调整和经济转型升级中扮演着举足轻重的角色。按照中国特色现代企业制度，中国融通建立了健全有效的法人治理结构和灵活高效的市场化经营机制，经营范围主要包括房地产、农业、酒店及旅游业、商业服务、资源开发、科技服务、医疗健康、安保服务、文化教育、财务、保险等领域。中国融通在不动产管理、交通物流、城市更新、现代服务业改造提升、乡村振兴、康养医疗等领域持续深化与辽宁的务实合作，助力辽宁盘活存量资源、做大优势资源。

4.1.2 能源电力类

辽宁在能源资源和工业基础产业上实力强劲，是国家工业化的基础。在能源方面，辽宁省石油储量丰富，辽河油田等是享誉全国的能源基地，为新中国70多年的发展提供了源源不断的动力支持。辽宁省在新能源领域发展潜力较大，作为东北地区唯一的沿海省份，地处东北亚经济圈的核心地带，风光水火核能源齐全，可再生能源丰富，陆上风电和海上风电都具有较高的开发价值。同时，辽宁省作为老工业基地，绿色转型发展是必由之路，在清洁能源建设领域央地合作空间广阔。能源电力类央企如表4-3所示。

表4-3 能源电力类央企

行业	序号	企业（集团）名称	国资委网站排序	总部所在地
能源电力类	1	中国石油天然气集团有限公司	11	北京
	2	中国石油化工集团有限公司	12	北京
	3	中国海洋石油集团有限公司	13	北京

续表

行业	序号	企业（集团）名称	国资委网站排序	总部所在地
	4	国家石油天然气管网集团有限公司	14	北京
	5	国家电网有限公司	15	北京
	6	中国南方电网有限责任公司	16	广东广州
	7	中国华能集团有限公司	17	河北雄安
	8	中国大唐集团有限公司	18	北京
	9	中国华电集团有限公司	19	北京
	10	国家电力投资集团有限公司	20	北京
能源电力类	11	中国长江三峡集团有限公司	21	湖北武汉
	12	国家能源投资集团有限责任公司	22	北京
	13	中国节能环保集团有限公司	54	北京
	14	中国电力建设集团有限公司	87	北京
	15	中国能源建设集团有限公司	88	北京
	16	中国安能建设集团有限公司	89	北京
	17	中国广核集团有限公司	91	广东深圳
	18	中国电气装备集团有限公司	94	上海

（1）中国石油天然气集团有限公司

中国石油天然气集团有限公司（简称中国石油）是国有重要骨干企业和全球主要的油气生产商和供应商之一，是集国内外油气勘探开发和新能源、炼化销售和新材料、支持和服务、资本和金融等业务于一体的综合性国际能源公司，在国内油气勘探开发中居主导地位，在全球35个国家和地区开展油气投资业务。中国石油拥有4个子集团，分别为油气和新能源子集团、炼化销售和新材料子集团、支持和服务子集团及资本和金融子集团。油气和新能源板块在辽宁省内设立辽河油田；炼化销售和新材料板块在辽宁设立抚顺石化、辽阳石化、大连石化、大连西太、锦州石化、锦西石化、辽河石化等，成品油销售业务涉及整个辽宁。

（2）中国石油化工集团有限公司

中国石油化工集团有限公司（简称中石化）是世界特大型石油石化企业集团，是中国最大的成品油和石化产品供应商、第二大油气生产商，是世界第一大炼油公司、第二大化工公司，加油站总数位居世界第二。公司主营业务范围包括石油、天然气的勘探、开采、储运（含管道运输）、销售和综合利用；石油炼制；成品油的批发和零售；石油化工及其他化工产品的生产、销售、储存、运输经营活动；实业投资及投资管理；石油石化工程的勘探设计、施工、建筑安装；石油石化设备检修维修；机电设备制造；技术及信息、替代能源产品的研究、开发、应用、咨询服务；进出口业务等。中石化大连院与大连市、抚顺市共建平台，建成精细石油化工重点实验室、船用燃料油重点实验室、石油产品质量监督检验中心等7个重点实验室、研究中心，获得科技进步奖、技术发明奖、企业重大研发成果奖等7项辽宁省科技成果。

（3）中国海洋石油集团有限公司

中国海洋石油集团有限公司（简称中国海油）是1982年2月15日经国务院批准成立的特大型国有企业，是中国最大的海上油气生产运营商。公司注册资本 1 138 亿元，共有 5 家控股境内外上市公司。公司主要业务板块包括油气勘探开发、专业技术服务、炼化与销售、天然气及发电、金融服务等，并积极发展海上风电等新能源业务。由中国海油自主开发的"深海一号"是我国自主勘测开发建设的首个 1 500 米超深水大气田，是我国从装备技术到勘探开发能力的重大跨越。以"深海一号"为代表的海上油气开发项目带动了我国造船、钢铁、机电等民族工业的发展，为全世界 30 多个国家和地区提供油气勘探、钻井、安装、生产等多项服务，是"一带一路"建设的重要名片。中国海油与大连在海洋经济领域有着长期合作，共同推动海洋工程建设及石化产业发展等，助力大连建设海洋强市。其投资和项目建设为当地创造了大量就业机会，促进了相关产业链的发展。此外，中国海油在海上风电等新能源领域有着积极的布局和发展，辽宁拥有丰富的海上风能资源，双方在海上风电项目开发等新能源领域具有广阔的合作潜力，未来可共同探索海上风电项目的建设与运营。

（4）国家石油天然气管网集团有限公司

国家石油天然气管网集团有限公司（简称国家管网集团）成立于 2019 年 12 月 9 日，是国务院国有资产监督管理委员会监管的国有重要骨干企业。国家管网集团主要从事油气干线管网及储气调峰等基础设施的投资建设和运营，负责干线管网互联互通和与社会管道联通，以及全国油气管网的运行调度，定期向社会公开剩余管输和储存能力，实现基础设施向用户公平开放。国家网管集团积极探讨央地合作的新模式、新路径，重点推动包括沈阳油气管道技术创新中心在内的合作项目，旨在加强在沈产业布局，通过与地方共建该技术创新中心，发挥央企的技术和资源优势，提高当地油气管道技术的研发水平和创新能力，推动油气管道产业的升级发展，为沈阳乃至辽宁的能源产业发展提供技术支撑。

（5）国家电网有限公司

国家电网有限公司（简称国家电网）成立于 2002 年 12 月 29 日，是根据《中华人民共和国公司法》设立的中央直接管理的国有独资公司，注册资本 8 295 亿元，以投资、建设、运营电网为核心业务，承担着保障安全、经济、清洁、可持续电力供应的基本使命，是关系国家能源安全和国民经济命脉的特大型国有重点骨干企业。国家电网与辽宁清洁能源建设方面达成合作，全面落实辽宁清洁能源强省建设目标要求，推动公司"一体四翼"发展布局在辽宁落地落实，政企合力建设"一张坚强智能电网"引领"六大千万千瓦级能源基地"的辽宁新型能源体系。

（6）中国南方电网有限责任公司

中国南方电网有限责任公司（简称南方电网）是中央管理的国有重要骨干企业，公司负责投资、建设和经营管理南方区域电网，参与投资、建设和经营相关的跨区域输变电和联网工程，为广东、广西、云南、贵州、海南 5 省区和港澳地区提供电力供应服务保障；从事电力购销业务，负责电力交易与调度；从事国内外投融资业务；自主开展外贸流通经营、国际合作、对外工程承包和对外劳务合作等业务。南方电网与辽宁省在 5G 通信、智慧交通、智慧安防、环境感知、电动汽车充电等领域存在合作机遇。

（7）中国华能集团有限公司

中国华能集团有限公司（简称中国华能）创立于 1985 年，是我国电力工业的一面旗帜，持续引领发电行业进步。公司主营业务包括电源开发、投资、建设、经营和管理，电力（热力）生产和销售，金融、煤炭、交通运输、新能源、环保相关产业及产品的开发、投资、建设、生产、销售，实业投资经营及管理。中国华能与辽宁在推动绿色低碳转型、保障辽宁能源电力安全方面长期保持合作，签署了营口市海上风电项目等合作协议，持续推动辽宁绿色低碳转型，积极融入辽宁"一圈一带两区"建设，在新能源专业化集约化开发、核电高质量发展等方面树立新标杆、打造新样板。

（8）中国大唐集团有限公司

中国大唐集团有限公司（简称中国大唐）成立于2002年12月29日，注册资本金370亿元，主要业务覆盖电力、煤炭煤化工、金融、环保、商贸物流和新兴产业。所属企业包括5家上市公司（大唐国际发电股份有限公司、大唐华银电力股份有限公司、广西桂冠电力股份有限公司、中国大唐集团新能源股份有限公司、大唐环境产业集团股份有限公司）、37家区域公司和专业公司。中国大唐与辽宁省在煤电、风电、光伏、核电、供热、煤化工等多领域通力合作，推进徐大堡、庄河核电工程建设；针对阜新煤炭资源枯竭的现状，全力推进阜新煤制气重组盘活，通过上下游产业协同发展的方式盘活存量，做大增量，加快新能源开发；通过推进风光储一体化项目建设，通过"煤电+新能源"以及"煤化工+新能源耦合"、海上风电延链发展等方式，推进辽宁绿色低碳转型发展。

（9）中国华电集团有限公司

中国华电集团有限公司（简称中国华电）是2002年国家电力体制改革组建的国有独资发电企业，主要业务包括发电、煤炭、科工、金融四大产业板块，资产及业务主要分布在31个省、自治区、直辖市以及俄罗斯、印度尼西亚、柬埔寨、越南等共建"一带一路"沿线国家。所属二级单位包括45家分、子公司和3家直属机构。中国华电与辽宁有着良好的合作基础，围绕科研、技术、人才等方面，在能源稳定供应、清洁能源开发利用、创新综合能源服务、能源装备产业转型等多领域与辽宁开展战略合作，深入谋划更多新能源等项目，推进项目投资建设，推进辽宁清洁能源强省建设，保障在辽供热。

（10）国家电力投资集团有限公司

国家电力投资集团有限公司（简称国家电投）由中国电力投资集团公司与国家核电技术有限公司于2015年5月重组成立，肩负保障国家能源安全的重要使命。国家电投是我国唯一同时牵头实施2个国家科技重大专项和1个国家专项任务的央企；是我国第一家拥有光伏发电、风电、核电、水电、煤电、气电、生物质发电等全部发电类型的能源企业；是全球最大的光伏发电企业、新能源发电企业和清洁能源发电企业。国家电投与辽宁省在清洁能源工程建设方面达成合作，签订重大清洁能源工程项目，计划打造"新能源+绿电转化"创新示范基地。

（11）中国长江三峡集团有限公司

中国长江三峡集团有限公司（简称三峡集团）是全球最大的水电开发运营企业和中国领先的清洁能源集团，是国务院国资委确定的首批创建世界一流示范企业之一。1993年9月27日，为建设三峡工程、开发长江，经国务院批准，中国长江三峡工程开发总公司成立，2009年9月27日更名为中国长江三峡集团公司，全面负责三峡工程的建设与运营。其主营业务是水电工程建设与管理、电力生产、相关专业技术服务。三峡集团在辽宁省积极参与新能源项目开发，如风电等清洁能源项目的投资建设，助力辽宁省能源结构优化和绿色低碳转型，推动可再生能源产业发展。

（12）国家能源投资集团有限责任公司

国家能源投资集团有限责任公司（简称国家能源集团）于2017年11月28日正式挂牌成立，是经党中央、国务院批准，由中国国电集团公司和神华集团有限责任公司联合重组而成的中央骨干能源企业，是集央企联合重组、国有资本投资公司改革、创建世界一流示范企业、国有企业公司治理示范企业"四个试点"于一身的中央企业。其拥有煤炭、电力、运输、化工等全产业链业务，在煤炭安全绿色智能、煤电清洁高效稳定、运输物流协同一体，现代煤化工高端多元低碳、新能源多元创新规模化发展等领域取得全球领先业绩。国家能源集团与辽宁一直保持良好合作关系，推进辽宁绿色低碳转型，持续优化战略性新兴产业布局，建设新型电力系统，发挥煤电化运全产业链一体化优势，保障了辽宁能源供应。

（13）中国节能环保集团有限公司

中国节能环保集团有限公司（简称中国节能）是经国务院批准，由中国节能投资公司和中国新时代控股（集团）公司于2010年联合重组成立的中央企业，是一家以节能减排、环境保护为主业的中央企业。中国节能依托规划设计和咨询方案制定，依托技术、产品和装备的研发和集成，依托工程设计和建设运营，打造节能环保的"全产业链"；在国内和国际市场为客户提供集成技术和高端服务。集团拥有集规划、设计、咨询、施工、装备制造、投资、运营于一体的全产业链服务模式，构筑了以技术平台、基金平台、产业平台为主的支撑体系，发挥了中央企业在节能环保领域的控制力、影响力和带动力。中国节能与辽宁协同推进降碳、减污、扩绿、增长，在促进能源结构调整和能源高效利用、生态环境系统治理、节能科技应用等方面互利共赢。

（14）中国电力建设集团有限公司

中国电力建设集团有限公司（简称中国电建）是经国务院批准，于2011年9月在原中国水利水电建设集团公司、中国水电工程顾问集团公司和国家电网公司、中国南方电网有限责任公司所属14个省、自治区、直辖市勘测设计、施工、装备修造企业基础上重组而成跨国经营的综合性特大型中央企业。中国电建注册资本金319亿元，业务和机构遍及全球130多个国家和地区，是全球清洁低碳能源、水资源与环境建设的引领者，全球基础设施互联互通的骨干力量，服务"一带一路"建设的龙头企业，可在工程领域为全球客户提供投融资、规划设计、施工承包、装备制造、管理运营等全产业链一体化集成服务、一揽子整体解决方案。根据国家有关部委安排，承担相关领域战略规划、政策研究、标准制定等工作。多年来为全球客户交付了一系列代表行业领先水平、令世人瞩目的精品工程。中国电建积极服务和融入沈阳经济社会发展大局，聚焦"水、能、砂、城、数"，集成"投建营"一体化优势，在沈阳布局了一大批重大项目、重点工程，签订多个项目框架合作协议。

（15）中国能源建设集团有限公司

中国能源建设集团有限公司（简称中国能建）是一家为全球能源电力、基础设施等行业提供整体解决方案、全产业链服务的综合性特大型集团公司，成立于2014年12月19日。其主营业务涵盖能源电力、水利水务、铁路公路、港口航道、市政工程、城市轨道、生态环保和房屋建筑等领域，具有集规划咨询、评估评审、勘察设计、工程建设及管理、运行维护和投资运营、技术服务、装备制造、建筑材料为一体的完整产业链，业务足迹遍布中国所有省市区和世界上140多个国家及地区。中国能建与辽宁省的合作源远流长，长期为辽宁宏观经济、能源电力、低碳发展等提供咨询工作和技术支撑，在辽宁省投资建设了一大批重点工程，涵盖能源电力、基础设施建设、交通、水利环保等领域，与辽宁省签约了绿色可再生智慧能源等多个重点项目，发挥全产业链一体化优势和"七网融合"核心优势。

（16）中国安能建设集团有限公司

中国安能建设集团有限公司（简称中国安能）是经党中央、国务院批准，根据跨军地改革战略部署，于2018年9月由武警水电部队整体转隶组建的一家中央企业，主要担负国家重大自然灾害工程救援和重点工程建设任务，是国家防总成员单位，是应急管理部自然灾害工程应急救援中心，也是中央企业应急救援体系综合平台所在单位，是唯一以自然灾害应急救援和工程建设为主责主业的央企。具备水下构筑物建设、隧洞桥梁、机场码头等特殊领域的施工能力，是一支技术精湛、装备精良、作风过硬的能源基础项目建设生力军，也是自然灾害工程应急救援领域的国家专业力量。辽宁省与中国安能举行了工作会商会议，共同签署了《辽宁省人民政府中国安能建设集团有限公司战略合作框架协议》，双方将在多领域深化合作，中国安能将加大在辽宁省新能源的投资开发力度，创新合作模式，推动风光储新能源项目落地辽宁，积极参与辽宁省风电等新能源项目的投资、建设和运营管理。

（17）中国广核集团有限公司

中国广核集团有限公司（简称中广核）是由国务院国有资产监督管理委员会控股的清洁能源大型中央企业。中广核是伴随我国改革开放和核电事业发展逐步成长壮大起来的中央企业，涵盖核能、核燃料、新能源、非动力核技术应用、数字化、科技型环保和产业金融等领域；是中国最大、世界第三大核电企业；建立了与国际接轨的核电设计、工程建设、生产运营、技术研发、核燃料供应保障体系，拥有风电、太阳能等可再生能源开发体系和节能技术体系，是我国核电发展的主力军、可再生能源发展的排头兵和节能减排、核技术应用产业发展的重要力量，具备在确保安全的基础上面向全国、跨地区、多基地同时建设和运营管理多个核电、风电、太阳能及其他清洁能源项目的能力。中广核与辽宁省签署了战略合作协议，在沈阳市签约了新能源战略融合一体化项目，计划在浑南区布局建设"一电、六产业、一试点"项目，质子医疗基地、风电设备制造基地、新能源产业园、绿电产业园、充电网络及分布式光伏和微电网等项目将陆续落地。

（18）中国电气装备集团有限公司

中国电气装备集团有限公司（简称中国电气装备）是由中国西电集团有限公司与国家电网公司所属许继集团有限公司、平高集团有限公司、山东电工电气集团有限公司等重组整合而成，为国务院国资委监管的国有重要骨干企业。承担着国内输配电行业标准归口管理工作，以及国际电工委员会（IEC）等多个技术委员会（分技术委员会）的国内归口工作。中国电气装备聚焦源网荷储一体化，应用"大云物移智链"等先进技术，积极开展高端技术研究，重点突破超、特高压等关键技术壁垒，实现国内首台成套设备的研制和应用，先后为国内特高压建设、"三峡工程"和"白鹤滩工程"等国家级重点工程提供成套装备和服务，有力支撑了关键装备的国产化，打破了多项国外技术垄断，创造了多项世界第一。产业基地遍及全球，产品、技术、标准和服务已出口到上百个国家和地区，形成了着眼全球市场的输配电产业布局。鞍山市积极推进与中国电气装备的合作，促成特高压输变电生产基地项目的落地。

4.1.3　信息通信类

辽宁省通信管理局认真贯彻落实工信部和辽宁省委省政府决策部署，加快5G等新型信息基础设施建设，推动"双千兆"网络协同创新发展，通过开展"千兆城市""城市升格""宽带边疆""农村点亮""攻坚共建"等重点工程，积极组织电信企业优化网络质量，精准部署、深入推进，持续打造5G精品网，不断提升5G网络覆盖和感知水平。多家通信企业与辽宁省开展合作，助力夯实辽宁通信基础设施建设、深入实施"数字辽宁"战略（杨铁军，2023）。信息通信类央企如表4-4所示。

表4-4　　　　　　　　　　信息通信类央企

行业	序号	企业（集团）名称	国资委网站排序	总部所在地
信息通信类	1	中国电信集团有限公司	23	北京
	2	中国联合网络通信集团有限公司	24	北京
	3	中国移动通信集团有限公司	25	北京
	4	中国卫星网络集团有限公司	26	河北雄安

续表

行业	序号	企业（集团）名称	国资委网站排序	总部所在地
信息通信类	5	中国电子信息产业集团有限公司	27	广东深圳
	6	中国铁路通信信号集团有限公司	71	北京
	7	中国信息通信科技集团有限公司	75	湖北武汉

（1）中国电信集团有限公司

中国电信集团有限公司（简称中国电信）是中国特大型通信运营企业，连续多年入选《财富》杂志"世界500强企业"，在31个省（自治区、直辖市）、中国香港特别行政区、中国澳门特别行政区和美洲、欧洲等地设有运营机构，并控股多家上市公司。其主要经营移动通信、互联网接入及应用、固定电话、卫星通信、ICT集成等综合信息服务。中国电信集团有限公司是由国家单独出资设立的中央企业。中国电信与辽宁省政府签署战略合作协议，全力支持辽宁数字化转型，服务经济、民生高质量发展，发挥资源禀赋和技术优势，赋能千行百业，为辽宁省实现"数字辽宁、智造强省"战略目标实力护航，助推辽宁数字化建设（邵祥东和李飞，2023）。

（2）中国联合网络通信集团有限公司

中国联合网络通信集团有限公司（简称中国联通）于2009年1月6日在原中国网通和原中国联通的基础上合并组建而成，在国内31个省（自治区、直辖市）和境外多个国家及地区设有分支机构以及130多个境外业务接入点，拥有覆盖全国、通达世界的现代通信网络和全球客户服务体系。中国联通智慧教育军团落地辽宁，依托辽宁联通与云启智慧联合组建，并由辽宁联通负责打造。中国联通智慧教育军团计划立足联通基础资源禀赋、科技创新能力和市场拓展渠道，以成为智慧教育产业领跑者为目标，重点聚焦智慧教管、智慧校园、智慧学习三大方向，充分发挥"一个联通，一体化能力聚合，一体化运营服务"的能力优势，构建一套"算网一体、数智赋能、安全可信"的中国联通智慧教育产品体系，打造区域教育数字基座、智慧考务、"5G+智慧校园"、智慧作业等一批核心产品与解决方案，持续推进辽宁教育产业的数字化、智能化转型升级。

（3）中国移动通信集团有限公司

中国移动通信集团有限公司（简称中国移动）是按照国家电信体制改革的总体部署，于2000年组建成立的中央企业。2017年12月，中国移动通信集团公司进行公司制改制，企业类型由全民所有制企业变更为国有独资公司，并更名为中国移动通信集团有限公司。中国移动全资拥有中国移动（香港）集团有限公司，由其控股的中国移动有限公司在内地31个省（自治区、直辖市）和香港特别行政区设立全资子公司，并在中国香港和纽约上市，主要经营移动语音、数据、宽带、IP电话和多媒体业务，并具有计算机互联网国际联网单位经营权和国际出入口经营权。中国移动长期以来与辽宁一直保持着良好合作，在沈阳市成立中国移动工业互联网创新研究院，加强在辽科技创新布局，围绕装备制造、冶金、精细化工等辽宁优势产业，研发"5G+工业互联网"创新应用产品，推动数字产业化和产业数字化，创建具有全国影响力的区域科技创新中心。中国移动计划深度参与数字辽宁、智造强省建设，更好推进"互联网+政务服务"；在新型基础设施领域深化合作，发挥禀赋优势，加大投资力度，加快超前布局，拓展应用场景；在推动制造业数字化转型方面深化合作，形成一批面向重大应用场景的关键技术和科技成果；以数字化赋能高质量发展、创造高品质生活、促进高效能治理。

（4）中国卫星网络集团有限公司

中国卫星网络集团有限公司（简称中国星网）成立于2021年4月26日，是中央批准成立的唯一一家从事卫星互联网设计、建设、运营的国有重要骨干企业。2021年4月28日，经国务院批准，新组建的中国卫星网络集团有限公司由国务院国有资产监督管理委员会代表国务院履行出资人职责，被列入国务院国有资产监督管理委员会履行出资人职责的企业名单。中国星网业务范围广泛，涵盖了卫星互联网的各个方面，从基础设施的建设到软件硬件的开发，再到国际合作与技术服务，旨在为用户提供先进、优质、安全、经济的空间网络信息服务，努力成为具有全球竞争力的世界一流卫星互联网公司。中国星网将加强与辽宁省高等院校、科研院所、重点企业的合作，促进更多具有前瞻性的创新试点示范项目在辽宁落地，推动产学研深度融合，带动辽宁地区卫星应用、通信、电子信息等相关产业的发展。

（5）中国电子信息产业集团有限公司

中国电子信息产业集团有限公司（简称中国电子），成立于1989年5月，是我国民族电子工业的摇篮，是党领导下的人民军事电子工业的开拓者，是中央直接管理的以网信事业为核心主业的中央企业。中国电子主动服务国家战略，持续优化产业结构，围绕以数字技术支撑国家治理体系和治理能力现代化、服务数字经济高质量发展、保障国家网络安全三大核心任务，着力发展计算产业、集成电路、网络安全、数据治理、高新电子等重点业务，打造国家网信事业核心战略科技力量。中国电子集团与辽宁省在沈抚新城建设、军民融合产业园建设，智能制造、智能交通、智慧政务、智慧医疗等领域开展项目合作。2023 年，金普新区与中国电子云在数字经济产业合作领域达成合作意向。2024 年，沈北新区与中电光谷联合控股有限公司正式签约，百亿级央企项目中国电子新型工业化示范基地项目落地沈北新区，中电光谷还将在沈北建设集团北方大区总部，辐射整个北方区域。

（6）中国铁路通信信号集团有限公司

中国铁路通信信号集团有限公司（简称中国通号）成立于1986年，是国务院国有资产监督管理委员会直接监管的大型中央企业，具有铁路、城市轨道交通通信信号系统集成、研发设计、设备制造、施工运维完整产业链，是中国铁路通信信号系统制式、标准规范的编制单位。中国通号有科研设计、生产制造和工程服务等全资、控股、参股及合资企业多家，并有城市轨道交通、通信信息、基础设备、工程等事业部，分布在全国各地，在海外多个国家设有办事处或项目部。拥有世界先进的高速铁路列车运行控制系统技术和装备，市场遍及海内外铁路、城市轨道交通、机场、港口和矿山等。中国通号集团与辽宁省在推动轨道交通装备产业链发展、辽宁智慧城市建设、城市化智能化升级、拓展新基建领域等方面达成合作。

（7）中国信息通信科技集团有限公司

中国信息通信科技集团有限公司（简称中国信科）由武汉邮电科学研究院与电信科学技术研究院联合重组成立，主营业务包括信息通信技术研究和开发、通信网络建设和运维、信息通信设备制造、互联网和相关服务、软件和信息技术服务等多个领域，是中国光通信的发源地和无线通信领域创新高地，是国际知名、国内领先的信息通信产品和服务核心供应商。中国信科集团为辽宁工业互联网发展提供了前沿视角和专业建议，为辽宁省制造业企业在数字化转型、升级发展等方面提供了思路和方向。

4.1.4 装备制造类

辽宁省是老工业城市，拥有非常雄厚的工业和制造业基础，是我国装备制造业大省，中国一汽、中国一重、中国中车等都与辽宁保持密切的合作关系。当前，辽宁省启动实施全面振兴新突破三年行动，以超常规举措打一场新时代东北振兴、辽宁振兴的"辽沈战役"，迫切需要加快区域间产业协同和形成完整产业链，为装备制造类企业创造了新的合作机遇。装备制造类央企如表4-5所示。

表4-5 装备制造类央企

行业	序号	企业（集团）名称	国资委网站排序	总部所在地
	1	中国第一汽车集团有限公司	28	吉林长春
	2	东风汽车集团有限公司	29	湖北武汉
	3	中国一重集团有限公司	30	黑龙江齐齐哈尔
	4	中国机械工业集团有限公司	31	北京
装备制造类	5	哈尔滨电气集团有限公司	32	黑龙江哈尔滨
	6	中国东方电气集团有限公司	33	四川成都
	7	中国机械科学研究总院集团有限公司	59	北京
	8	中国中车集团有限公司	70	北京

（1）中国第一汽车集团有限公司

中国第一汽车集团有限公司（简称中国一汽）是国有特大型汽车企业集团，前身为第一汽车制造厂，是国家"一五"计划重点建设项目之一。1953年奠基，1956年建成投产并制造出新中国第一辆卡车（解放牌），1958年制造出新中国第一辆小轿车（东风牌）和第一辆高级轿车（红旗牌）。中国一汽的建成，开创了新中国汽车工业的历史，建立了东北、华北、华东、华南、西南等五大生产基地，构建了全球化研发布局，拥有红旗、解放、奔腾等自主品牌和大众、丰田等合资品牌，销量规模位列中国汽车行业第一阵营。中国一汽可将辽宁放在企业扩产能增量布局中的优先位置，加大在辽企业升级改造力度，顺应新能源汽车市场技术革新需求，推动产品结构调整升级，双方合作将迈上新台阶，实现共赢发展。

（2）东风汽车集团有限公司

东风汽车集团有限公司（简称东风集团）是以汽车制造、销售、服务和技术研发为主业的商业一类央企，前身是始建于1969年的第二汽车制造厂（简称二汽）。公司产业链齐全、产品系列丰富，主要产品覆盖豪华、高档、中档和经济型各区隔，业务涵盖全系列商用车、乘用车、军车、新能源汽车、关键汽车总成和零部件、汽车装备、出行服务、汽车金融等；完成自主新能源汽车的品牌布局、平台与商品布局、核心资源布局，加快向自主品牌和新能源转型升级。国内事业主要分布在武汉、十堰、襄阳、广州、大连等20多个城市。东风集团与辽宁省开展产业协同，共同研发新技术、新产品；利用自身技术和资源优势，支持辽宁传统汽车产业向新能源、智能网联汽车方向转型升级。

（3）中国一重集团有限公司

中国一重集团有限公司（简称中国一重）是中央管理的涉及国家安全和国民经济命脉的国有重要骨干企业之一，前身为第一重型机器厂，始建于1954年，是国家创新型试点企业、国家高新技术企业，拥有重型技术装备国家工程研究中心、国家能源重大装备材料研发中心、国家级企业技术中心。中国一重主要为钢铁、有色、电力、能源、汽车、矿山、石油、化工、交通运输等行业及国防军工提供重大成套技术装备、高新技术产品和服务，并开展相关国际贸易。中国一重在辽宁大连拥有多家核心子公司，包括一重集团大连核电石化有限公司、一重集团大连工程技术有限公司等。中国一重与大连市建立了长期战略合作关系，以打造世界一流的装备制造企业为战略目标，计划推动大连市建设国家重要的先进装备制造业聚集区，向具有国际竞争力的世界级装备制造业基地目标迈进。

（4）中国机械工业集团有限公司

中国机械工业集团有限公司（简称国机集团）成立于1997年1月，2013年7月与中国第二重型机械集团公司重组，成为中央直接管理的国有重要骨干企业，是世界500强企业。国机集团是中国机械工业规模最大、覆盖面最广、业务链最完善、研发能力最强的大型中央企业集团；是国际化的综合性装备工业集团，致力于提供全球化的优质服务，以打造科技驱动的世界一流企业为总体定位；聚焦先进装备制造、产业基础研制与服务、工程承包与供应链三大主业，努力锻造先进装备产业链安全的保障力量、机械工业的战略科技力量、国际产能合作和供应链融通的支撑力量。其业务涉及机械、能源、交通、汽车、轻工、船舶、冶金、建筑、电子、环保、航空航天等国民经济重要产业，在全球100多个国家和地区设有350余个驻外机构，业务遍及五大洲。2023年，国机集团参加辽宁省央地合作座谈会，计划与锦州市在多领域开展深层次合作。

（5）哈尔滨电气集团有限公司

哈尔滨电气集团有限公司（简称哈电集团）是我国建设最早的发电设备研究制造基地，在"一五"期间苏联援建的156项重点建设项目中的6项的基础上，以1951年陆续开始建设的哈尔滨"三大动力厂"（电机厂、锅炉厂、汽轮机厂）为主体发展壮大，是我国最早组建、全国最大的发电设备、船舶动力装置、电力驱动设备研究制造基地和成套设备出口基地，同时也是中央管理的关系国家安全和国民经济命脉的国有重要骨干企业之一，形成了以水电、核电、煤电、气电、风电、船舶动力装置、电气驱动设备、电力工程总承包、金融服务和投资业务等为主，涵盖发电设备研究制造、工程建设和制造服务的产业布局，累计创造200余项"共和国第一"，实现了发电设备由中国制造向中国创造的新转变新跨越，为我国国民经济发展作出了突出贡献。哈电集团为辽宁省的电力项目提供了大量的火电、水电、核电等发电设备；与辽宁当地企业在产业链上下游展开合作，实现产业协同发展。

（6）中国东方电气集团有限公司

中国东方电气集团有限公司（简称东方电气集团）创立于1958年，是中央管理的涉及国家安全和国民经济命脉的国有重要骨干企业，肩负保障国家能源安全的重大责任，是全球最大的能源装备制造和电站工程总承包企业集团之一。东方电气集团是国家首批创新型企业，拥有国家重点实验室、国家级企业技术中心等研发机构，致力于新能源和可再生能源产业的发展，具备水电、火电、核电、气电、风电、太阳能等多元化能源技术研发和制造能力；积极践行创新、协调、绿色、开放、共享的新发展理念，大力发展新能源和可再生能源产业。集团的产品和服务已出口到近80个国家和地区，积极参与"一带一路"建设，是中国对外工程承包的重要力量。2024年，东方电气集团与营口市仙人岛经济开发区管委会签订"绿氢合成氨合成甲醇一体化项目"投资合作协议，旨在建设立足营口、辐射辽宁并延伸至东北亚的绿氢、绿色能源集散基地，打造全产业链协同发展的百万千瓦绿色能源制备和消纳基地，同时打通可再生能源与辽宁船舶、石化、钢铁、交通等优势产业的协同发展通道。

（7）中国机械科学研究总院集团有限公司

中国机械科学研究总院集团有限公司（简称中国机械总院）成立于1956年，是一家中央大型科技企业集团，是我国装备制造业制造技术研究体系最完整、规模最大的开发研究团队。中国机械总院一直致力于装备制造业制造技术的研究开发与推广服务，集聚了我国装备制造业制造技术（基础共性技术）研究开发最大的团队和多专业最综合的技术力量，累计取得各类科研成果7 000余项，广泛应用于国民经济和国防安全各重要领域，为我国工业建设和现代制造业发展提供了有力支撑。中国机械总院深入辽宁产业园区，重点推动精密铸造特色工业园等合作项目，加强在沈产业布局，共建现代产业体系。

（8）中国中车集团有限公司

中国中车集团有限公司（简称中国中车）成立于2002年，是全球规模领先、品种齐全、技术一流的轨道交通装备供应商。业务范围涵盖铁路机车车辆、城市轨道交通车辆、各类机电设备及零部件、电子电器及环保设备产品的研发、设计、制造、修理、销售、租赁与技术服务；信息咨询；实业投资与管理；进出口业务等。产品与服务包括铁路机车、动车组与客车、货车、城轨车辆等，并拥有完善的管理体系。中国中车可将辽宁放在企业战略布局中更加突出的位置，与辽宁同向发力，助辽宁打造重点产业集群，加快构建以先进制造业为骨干的现代化产业体系；在轨道交通领域加大投入力度，提供轨道交通系统解决方案；深化风电和新能源汽车等战略性新兴产业领域合作，推动更多新装备落地辽宁，促进企业在辽产业链布局发展，共同推动高端装备制造业高质量发展，实现互利共赢。

4.1.5　矿产资源类

辽宁具有丰富的矿产资源和多样的矿产种类，已发现的矿产有128种，其中战略性矿产资源25种，已探明资源储量的矿产有125种，菱镁矿、铁矿、硼矿、滑石矿等是国内优势矿种，尤其是菱镁矿和滑石矿的储量居世界之首，充分表明了辽宁省在矿产资源方面的显著优势。此外，辽宁省的矿产资源开发利用结构较好，以铁矿、煤炭、石灰岩、菱镁矿、金矿等矿产为主，形成了钢铁、能源、有色、机械、化工、建材等门类齐全的矿业经济体系。矿产资源类央企如表4-6所示。

表4-6 矿产资源类央企

行业	序号	企业（集团）名称	国资委网站排序	总部所在地
矿产资源类	1	鞍钢集团有限公司	34	辽宁鞍山
	2	中国宝武钢铁集团有限公司	35	上海
	3	中国矿产资源集团有限公司	36	河北雄安
	4	中国铝业集团有限公司	37	北京
	5	中国五矿集团有限公司	44	北京
	6	中国中煤能源集团有限公司	57	北京
	7	中国煤炭科工集团有限公司	58	北京
	8	中国钢研科技集团有限公司	60	北京
	9	中国化学工程集团有限公司	61	北京
	10	中国盐业集团有限公司	62	北京
	11	中国有色矿业集团有限公司	64	北京
	12	中国稀土集团有限公司	65	江西赣州
	13	中国有研科技集团有限公司	66	北京
	14	矿冶科技集团有限公司	67	北京
	15	中国林业集团有限公司	77	北京
	16	中国冶金地质总局	81	北京
	17	中国煤炭地质总局	82	北京
	18	新兴际华集团有限公司	83	北京
	19	中国黄金集团有限公司	90	北京

（1）鞍钢集团有限公司

鞍钢集团有限公司（简称鞍钢集团）成立于1916年，前身是日伪时期的鞍山制铁所和昭和制钢所。1948年，鞍山钢铁公司成立，并在废墟上迅速恢复了生产，进行了大规模技术改造和基本建设，是新中国第一个恢复建设的大型钢铁联合企业和最早建成的钢铁生产基地，被誉为"共和国钢铁工业的长子"和"新中国钢铁工业的摇篮"。作为中央直管的大型企业之一，鞍钢集团在中国东北、西南、东南、华南等地拥有九大各具特色的生产基地，并有效掌控位于中国辽宁、四川和澳大利亚卡拉拉的丰富铁矿资源，是中国最具资源优势的钢铁企业之一。鞍钢集团拥有矿山采选、烧结、炼铁、炼钢、轧钢及焦化、耐火、动力、运输等整套先进的钢铁生产工艺设备，具备年产4 000万吨铁精矿、3 600万吨铁、4 300万吨钢、3 800万吨钢材、4万吨钒制品和50多万吨钛产品的生产能力。可生产3 000个牌号高技术含量、高附加值的钢铁、钒钛精品，广泛应用于铁路、建筑、汽车、机械、造船、家电、集装箱、石油石化、航空航天等数十个行业。其中，汽车用钢、铁路用钢、家电用钢、造船和海洋工程用钢、集装箱用钢、电工钢、石油石化用钢、高端制品用钢和特钢等系列产品在国内领先。产品应用于中国的"西气东输"、青藏铁路、三峡水利枢纽、南京长江大桥、港珠澳大桥等国内外重大工程项目，是众多国际知名企业的全球供货商。

2010年，鞍钢集团与攀钢集团合并，攀钢集团成为鞍钢集团的一级子集团，进一步巩固了鞍钢集团的产钒业务和实力。2021年，辽宁省的两大航母级钢铁集团鞍钢集团和本钢集团完成合并，本钢正式成为鞍钢集团控股二级子企业，业务全面协同。自鞍钢集团重组本钢之后，企业效益连续跑赢大盘、全员劳动生产率大幅提升、区域带动作用明显。作为辽宁省的央企巨头，对辽宁省的经济社会发展起到了不可忽视的推动作用。鞍钢集团与辽宁省合作紧密，深化需求侧和供给侧的供应链建设，与优质供应商建立长期的战略合作关系，以合作稳定性应对市场不确定性，共建精品项目、发展优质产品。

（2）中国宝武钢铁集团有限公司

中国宝武钢铁集团有限公司（简称中国宝武）是由原宝钢集团有限公司和武汉钢铁（集团）公司联合重组而成的企业，于2016年12月1日在上海揭牌成立。公司业务范围广泛，包括钢铁制造业、新材料产业、智慧服务业、资源环境业、产业园区业和产业金融业等相关产业的协同发展。中国宝武通过技术创新和产业升级，致力于提高产品质量和降低生产成本，以适应市场变化和满足客户需求，在国内外市场上都取得了显著成就，成为全球钢铁行业的重要力量。中国宝武与沈阳市政府签订合作框架协议，参与钢材加工配送、轻钢结构住宅工业化等项目。

（3）中国矿产资源集团有限公司

中国矿产资源集团有限公司（简称中矿资源）成立于2022年7月，主要从事铁矿石等战略性矿产资源的投资开发、采购供应、加工配送、物流仓储、技术服务等相关业务。公司宗旨和发展目标是统筹用好国内国际两个市场、两种资源，推动构建安全、高效、共赢、可持续的产业链、供应链体系，服务行业高质量发展，为中国钢铁行业提供安全稳定、可持续的原料供应服务和绿色、个性化的综合解决方案。辽宁省计划与中矿资源共同推进辽宁国家矿石储备基地建设项目。

（4）中国铝业集团有限公司

中国铝业集团有限公司（简称中铝集团）是一家成立于2001年

的中央管理的国有重要骨干企业，同时也是国有资本投资公司试点企业。它承担着打造全球有色金属产业排头兵、国家战略性矿产资源和先进材料保障主力军、行业创新和绿色发展引领者的重任。中铝集团的产业链涵盖了铝、铜、铅、锌、镓、锗等 20 余种有色金属元素，其主营业务遍布全球 20 多个国家和地区。中铝集团主营业务包括氧化铝、电解铝、精细氧化铝、高纯铝、铝用阳极等，这些产品的产能在全球领先。在铜领域，中铝集团的综合实力位列国内第一梯队，而在铅、锌领域，其综合实力在国内领先。此外，还生产镓、锗等关键金属，广泛应用于航空航天、装备制造、交通运输、半导体和集成电路、建筑包装、家具家居等战略性新兴产业和国计民生领域。中铝集团与辽宁省委、省政府深化合作交流，将进一步做强做精碳素产业，加快专业化整合步伐。

（5）中国五矿集团有限公司

中国五矿集团有限公司（简称中国五矿）成立于 1950 年，是由原中国五矿和中冶集团战略重组形成的中国最大、国际化程度最高的金属矿业企业集团，由中央直接管理，是国有重要骨干企业之一，同时也是国有资本投资公司试点企业。中国五矿的业务范围广泛，包括金属、矿产品的开发、生产、贸易和综合服务，同时兼营金融、房地产、物流业务，形成了一个大型国际化企业集团，在全球范围内拥有丰富的金属矿产资源，生产的矿产品种涉及铜、铅、锌、镍、钨、锑、钼、铁、锰、铬等有色及黑色金属，其中钨、晶质石墨、铋资源量位居全球前列，铜、锌、铅、锑等资源量也位列全球第一梯队。中国五矿与辽宁主责主业高度契合，长期以来，中国五矿高度重视与辽宁省的战略合作，签署了战略合作框架协议，不断拓展合作空间，双方在矿产资源开发、工程建设、贸易物流、地产开发等领域合作基础扎实、友谊深厚，并取得了良好成效。

（6）中国中煤能源集团有限公司

中国中煤能源集团有限公司（简称中国中煤）前身是1982年经国务院批准成立的中国煤炭进出口总公司，经过多次兼并重组，2009年改制成为国有独资公司，并更名为中国中煤能源集团有限公司。中国中煤的主营业务涵盖煤炭开发利用及贸易、电力和热力生产及供应、煤基新材料及相关化学品开发利用、相关装备制造及工程技术服务，形成了煤炭全产业链的布局，肩负着保障国家能源安全的重要使命。中煤集团将发挥煤基全产业链优势构建东北区域综合能源服务基地，沈阳则全力支持中煤相关项目落地，双方期望围绕煤炭储备、城市能源供应、高端装备制造等开展多方位合作。

（7）中国煤炭科工集团有限公司

中国煤炭科工集团有限公司（简称中国煤科）由中煤国际工程设计研究总院、煤炭科学研究总院两家中央企业于2008年4月合并组建，是我国煤炭工业科技创新的国家队和排头兵，拥有涵盖煤炭行业全专业领域的科技创新体系，致力于煤炭安全绿色智能开发和清洁高效低碳利用，肩负着引领煤炭科技进步的光荣使命。中国煤科业务范围涵盖煤机智能制造、安全技术装备、清洁能源、设计建设、示范工程、新兴产业等六大板块。中国煤科设计建成了中国第一座高产高效矿井、世界最大的选煤厂等大型矿井与选煤厂，并研发制造了煤炭行业80%以上在用技术装备。中国煤科与辽宁关系紧密，有着数十年合作历史，建立了深厚友谊，彰显了保障辽宁煤矿安全的使命担当；致力于煤炭安全绿色智能开发和清洁高效低碳利用，为辽宁煤矿等行业的发展和智能化升级贡献力量。

（8）中国钢研科技集团有限公司

中国钢研科技集团有限公司（简称中国钢研）成立于2006年12月，由原钢铁研究总院和冶金自动化研究设计院组建而成，是冶金行业最大的综合性研究开发和高新技术产业化机构。公司业务领域广泛，包括在冶金材料、高端装备及重大工程等技术领域为国家和客户提供材料全生命周期的科技服务；致力于矿产资源开发、加工、工程技术服务等领域，是一家集矿产资源、工程装备、科技新材料、贸易物流、投资服务于一体的大型跨国企业集团。沈阳市希望与钢研集团共同推动航空航天精密加工基地投产、扩产，关键部件及设备生产项目落地，并设立检验检测中心。

（9）中国化学工程集团有限公司

中国化学工程集团有限公司（简称中国化学）是我国化工领域资质最齐全、功能最完备、业务链最完整、知识技术密集的国际工程公司，是石油和化学工业工程领域的国家队，在油气服务领域稳居全球第一。前身是原国家重工业部1953年成立的重工业设计院和建设公司，历经多次变革，发展成为我国石油和化学工业体系的缔造者，也是实施"走出去"战略和"一带一路"建设的排头兵。公司业务范围广泛，包括但不限于化工、石油化工、新型煤化工、天然气及精细化工、新材料、环保、电力、市政等工程领域。中国化学高度重视与辽宁省合作，目前在辽设立了9家企业及经营机构，在辽合作项目超千个，业务涵盖石油化工、新材料、生态环保等领域。

（10）中国盐业集团有限公司

中国盐业集团有限公司（简称中盐集团）创立于1950年，是我国盐行业龙头企业、唯一中央企业和唯一全国性企业，是集盐资源勘探、工程设计、研发、生产、营销为一体并向下游盐化工、盐价值链延伸发展的全国性盐业公司和国内重要化工企业，主要业务形成了以盐、盐化工、农肥、盐穴综合利用为主的"1+3"产业布局。中盐集团与辽宁不断深化拓展合作领域，实现盐化学综合开发利用。

（11）中国有色矿业集团有限公司

中国有色矿业集团有限公司（简称中国有色集团）成立于1983年，主营业务为有色金属矿产资源开发、建筑工程、相关贸易及服务。中国有色集团是我国有色金属工业最早实施"走出去"战略、国际化经营成果最丰硕的企业之一。集团形成了高质量的"一带一路"建设实践，在境外建成了以铜为主的资源开发"全产业链"模式，形成了"走出去"的先发优势、人才优势、品牌优势和带动优势。中国有色集团在辽宁拥有多家重要子公司，双方有着紧密的合作关系，在矿业领域有多个项目合作；将政策支持和地方发展深度融合，共同推动矿业技术发展和资源有效利用。

（12）中国稀土集团有限公司

中国稀土集团有限公司（简称中国稀土）是一家大型稀土企业集团，成立于2021年12月23日，主要从事稀土资源开发、冶炼分离、精深加工以及稀土产品进出口贸易等，业务范围涵盖科技研发、勘探开采、冶炼分离、精深加工、再生资源综合利用、新材料研发制造、成套装备、技术咨询服务、进出口及贸易等稀土全业务领域、全产业链条。中国稀土是全国领先、国际前列的综合性、国际化大型稀土产业集团，肩负着保障国家稀土战略资源安全、维护稀土产业链、供应链稳定的重要使命。中国稀土与辽宁省在稀土资源勘探、资源整合与优化配置、绿色开采与生态修复等领域存在合作前景。

（13）中国有研科技集团有限公司

中国有研科技集团有限公司（简称中国有研），原为北京有色金属研究总院，成立于1952年，是中国有色金属行业综合实力雄厚的研究开发和高新技术产业培育机构。中国有研主要业务涵盖有色金属信息功能材料、能源与环境功能材料、结构材料、复合材料、制备加工技术与装备、资源与环保技术、分析检测评价等领域，为"两弹一星"、载人航天、探月工程等国家重点工程和有色金属行业提供了新材料、新工艺和新设备，为中国有色金属工业发展和国防军工建设提供了强有力支撑。中国有研与辽宁省的央地合作不断深化，在国防军工关键技术、集成电路关键材料、全链条创新、学术交流、人才培养等方面共同发力。

（14）矿冶科技集团有限公司

矿冶科技集团有限公司（简称矿冶集团），原为北京矿冶研究总院，属国家首批创新型企业，是我国以矿冶科学与工程技术为主的规模最大的综合性研究与设计机构之一，具有工程设计、资信、安全评价等甲级资质，拥有先进的大型设备仪器和工程化能力较强的中试及生产装备，拥有2个国家重点实验室、3个国家级工程（技术）研究中心和1个国家重有色金属质量监督检测中心。核心主业为与矿产资源开发利用相关的工程与技术服务、先进材料技术与产品和矿产资源循环利用及环保应用，在采矿、选矿、有色金属冶金、工艺矿物学、磁性材料、工业炸药、选矿设备、环境工程、表面工程技术及相关材料等研究领域具备国家领先水平。矿冶集团与辽宁省在发挥矿冶集团科研技术优势和辽宁资源禀赋及产业基础优势的基础上，在矿产资源开发利用、先进材料技术研发、产业升级转型、科技创新与人才培养等多领域开展合作。

（15）中国林业集团有限公司

中国林业集团有限公司（简称中林集团）成立于1984年，是国务院国资委直接管理的中央一级企业，业务范围主要涵盖森林资源开发与利用、种子苗木培育、木材及林产品贸易、生态旅游、林业产业配套服务等业务。中林集团是中国最为国际化的林业企业和我国林业行业的领军企业。中林集团与辽宁在绿色低碳发展领域理念高度一致，将充分发挥各自优势，共同推进辽宁林业产业高质量发展。

（16）中国冶金地质总局

中国冶金地质总局（简称冶金地质总局）成立于1952年，以地质勘察为主责主业，肩负着保障资源安全的使命，拥有国内规模最大、技术体系最齐全的地勘队伍。冶金地质总局以地质勘察为依托，构建了地质勘察、工程建设、工业制造、环境治理、矿业开发、地理信息六大产业板块。其业务范围包括为国家冶金地质工作提供管理保障；固体矿产地质勘查、研究、开发、服务；超硬材料生产及机械装备制造；冶金地质勘查发展规划和规章制度制定；冶金地质行业标准研究；冶金地质勘查业务管理；组织实施相关地质勘查；所属地质单位队伍管理等。中国冶金地质总局与辽宁省在矿产资源勘查开发、地质技术服务、产业升级转型等领域开展合作，共同推动辽宁地质矿产事业发展和经济社会全面振兴。

（17）中国煤炭地质总局

中国煤炭地质总局（简称煤炭地质总局）成立于1953年，是国务院国资委直接管理的中央企业，是国内规模最大、业务范围最广、技术力量最强的综合性地质勘查与生态文明建设企业集团，是煤炭、化工资源勘查的行业管理机构。下辖中化地质矿山总局、专业直属局、省（区）煤炭地质局以及中心、院（队）等单位200余家，分布在22个省、自治区、直辖市。其主要职能是研究制定煤炭地质发展战略；编制煤炭地质勘查、科技研发、结构调整、教育培训等中长期规划及年度计划；编制煤炭地质单位中央预决算、国有资产及资本运营与管理，负责煤炭资源动态管理、地质勘查报告审查、地质项目工程监理，以及全国煤炭地质资料成果管理和信息资源管理与开发；煤炭地质单位国内外经济技术合作与交流；负责拟制与修订地质矿产勘查有关规范、规程和技术标准等工作。煤炭地质总局积极投身辽宁振兴工作，主动服务和融入辽宁省推进中国式现代化、推动高质量发展的进程中。

（18）新兴际华集团有限公司

新兴际华集团有限公司（简称新兴际华）前身为新兴铸管集团，由中国人民解放军总后勤部原生产部及所辖军需企事业单位整编重组脱钩而来，是一家大型国有资本投资公司。它集资产管理、资本运营和生产经营于一体，聚焦于冶金、轻纺、装备、医药、应急、服务六大板块，是产销量位居世界首位的球墨铸铁管研发生产基地，是国内最大的钢格板研发生产基地和国内最大的后勤军需品、职业装、职业鞋靴、高端纺织品研发生产基地。新兴际华与辽宁本溪签署合作协议推进循环经济产业发展；与辽宁共建国家级防护基础材料创新中心。

（19）中国黄金集团有限公司

中国黄金集团公司（简称中国黄金）是我国黄金行业中唯一一家

中央企业，组建于2003年初，其前身是成立于1979年的中国黄金总公司。中国黄金是中国黄金协会会长单位，是世界黄金协会在中国的唯一会员单位，集团主要从事金、银、铜、钼等有色金属的勘察设计、资源开发、产品生产和销售以及工程总承包等业务，是集地质勘探、矿山开采、选矿冶炼、产品精炼、加工销售、科研开发和工程设计与建设于一体的综合性大型矿业公司。中国黄金与辽宁签署战略合作框架协议，围绕矿产资源勘探和开发、黄金冶炼和深加工、城市建设和黄金珠宝等领域深化合作。

中国黄金将继续加大在辽战略布局和在辽企业改革力度，在矿产资源开发、生态环境保护等方面持续深耕，以更实举措、更大力度，深度融入辽宁全面振兴实践；在技术创新、资源安全、产业升级等方面持续深化与辽宁的全方位合作；加大联合勘探开发、产学研深度融合、黄金珠宝产业链延伸、培育钻石、辐照大健康等产业投资布局力度；在矿山环境修复与治理、黄金珠宝深加工、新城市建设、战略性新兴产业等领域加大投资力度，拓展合作形式。

4.1.6 交通运输类

辽宁地处东北亚核心地带，区位优势明显，战略地位突出，是全国乃至东北亚地区举足轻重的枢纽。辽宁正持续深入推进全面振兴战略，对运输产业需求巨大，这将带动行业快速发展，为海运及民航运输企业创造更多机遇。交通运输类央企如表4-7所示。

表4-7   交通运输类央企

行业	序号	企业（集团）名称	国资委 网站排序	总部 所在地
交通运输类	1	中国远洋海运集团有限公司	38	上海
	2	中国航空集团有限公司	39	北京
	3	中国东方航空集团有限公司	40	上海
	4	中国南方航空集团有限公司	41	广东广州
	5	中国商用飞机有限责任公司	53	上海
	6	中国民航信息集团有限公司	84	北京
	7	中国航空油料集团有限公司	85	北京
	8	中国航空器材集团有限公司	86	北京

（1）中国远洋海运集团有限公司

中国远洋海运集团有限公司（简称中远海运）成立于2016年，由中国远洋运输（集团）总公司与中国海运（集团）总公司重组而成。中远海运服务全球贸易，经营全球网络，以航运、港口、物流、码头运营、修造船等为基础和核心产业，以数字化创新、产融结合、装备制造和增值服务为赋能产业，形成了一个较为完整的产业结构体系。中远海运计划在辽发展海洋经济，大力拓展业务，扩大港口辐射范围，提升港口服务水平；加快数字化、智能化改造，促进辽宁船舶制造业高质量发展；加大在辽航线布局，加密内外贸运输网络，扩大在辽船舶注册规模，加强远东航线发展。

（2）中国航空集团有限公司

中国航空集团有限公司（简称中航集团）成立于2002年10月11

日，是一家特大型国有航空运输集团公司，也是中国唯一载国旗飞行的航空运输企业。2017年12月29日，按照公司制改制要求，中航集团由全民所有制企业改制为国有独资公司，改制后公司名称由中国航空集团公司改为中国航空集团有限公司。其经营业务涵盖航空客运、航空货运及物流两大核心产业，涉及飞机维修、航空配餐、航空货站、地面服务、机场服务、航空传媒等相关产业，以及金融服务、航空旅游、工程建设、信息网络等延伸服务产业。中航集团在航空客运、货运及物流等核心产业以及飞机维修、航空配餐等相关产业方面，利用自身优势带动辽宁省产业发展。

（3）中国东方航空集团有限公司

中国东方航空集团有限公司（简称东航）是中国三大国有骨干航空运输集团之一，前身可追溯到1957年1月原民航上海管理处成立的第一支飞行中队。东航经营业务涵盖航空客运、航空物流、航空金融、航空地产、航空食品、融资租赁、进出口贸易、航空传媒、实业发展、产业投资等航空相关产业。东航在建立起现代航空综合服务集成体系的基础上，全力打造全服务航空、创新经济型航空、航空物流三大主业，着力打造东航技术、东航食品、东航科创、东航资本、东航资产等五大航空相关产业板块，是首家实现航空客运和航空物流两项核心主业"双上市"的国有大型航空运输集团。东航计划在市场化条件下深化与辽宁省的务实合作，进一步增加在辽运力投放，提升辽宁至国内重点城市直达航班比例和班次密度，编织以沈阳、大连为支点的东北及蒙东地区支线网络；增开通往日韩、欧美、东南亚等重点国际航线，增加在辽货运航线航班，扩展航空物流业务；深度参与沈阳临空经济区建设和大连新机场建设，发挥"航空+"优势，与辽宁共同谋划更多文旅活动，加大航空食品采购力度，推进人才培养合作，携手辽宁省在共同推进高质量发展中实现互利共赢，更好服务国家重大战略。

（4）中国南方航空集团有限公司

中国南方航空集团有限公司（简称南航）于1991年2月1日正式挂牌成立，以蓝色垂直尾翼镶红色木棉花为公司标志，是中国运输飞机最多、航线网络最发达、年客运量最大的航空公司。南航年客运量居亚洲第一、世界第三，机队规模居亚洲第一，世界第四。南航直接或间接控股厦门航空有限公司、重庆航空有限责任公司、中国南方航空河南航空有限公司、贵州航空有限公司、珠海航空有限公司、汕头航空有限公司、河北航空有限公司、江西航空有限公司、中国南方航空货运有限公司等10家客、货运输航空公司，参股四川航空股份有限公司。公司拥有新疆、北方、北京、深圳、上海等18家分公司及南阳、佛山2家基地，设有杭州、南京、西宁等21家境内营业部，以及洛杉矶、纽约、伦敦、巴黎等52家境外营业部。南航与辽宁计划合力打造区域性航空枢纽，增加辽宁市场运力投入，提高运力质量，拓宽航线网络覆盖，携手做大做强文旅产业、通航产业，依托辽宁航空产业基础和完整产业链条，发挥基地航空公司作用，促进产业集聚，拓展服务业板块，支持辽宁航空产业加快发展。

（5）中国商用飞机有限责任公司

中国商用飞机有限责任公司（简称中国商飞公司）于2008年5月11日成立，是实施国家大型飞机重大专项中大型客机项目的主体，也是统筹干线飞机和支线飞机发展、实现我国民用飞机产业化的主要载体。其主要从事民用飞机及相关产品的科研、生产、试验试飞，以及民用飞机销售及服务、租赁和运营等相关业务。中国商飞与辽宁共商融合发展，双方签署战略合作框架协议，将在提升国产商用飞机供应链配套能力、加强在辽产业培育、支持国产商用飞机引进和运营等方面加强务实合作，支持辽宁航空企业融入大飞机研发、制造等产业环节。

（6）中国民航信息集团有限公司

中国民航信息集团有限公司（简称中国航信）前身为中国民航计算机信息中心，是一家国有独资大型IT科技企业，正式组建于2002年10月，专业从事航空运输旅游信息服务，拥有近70家分子公司及非控股公司，遍布全国及海内外。中国航信是全球第三大GDS（航空旅游分销系统提供商），拥有全球最大的BSP数据处理中心，所运营的信息系统被列为国务院监管的八大重点系统之一。中国航信计划在沈阳筹建中国航信集团东北研发中心；与辽宁省内的机场深入合作，共同打造"智慧机场"标杆；提升辽宁省内机场、航空公司等民航相关机构的信息化水平。

（7）中国航空油料集团有限公司

中国航空油料集团有限公司（简称中国航油）是一家国有大型航空运输服务保障企业，成立于2002年10月11日，以原中国航空油料总公司为基础组建而成。中国航油是国内最大的集航空油品采购、运输、储存、检测、销售、加注为一体的航油供应商，同时也是全球最大的综合性航油供应商之一。中国航油在辽宁省的分公司不断开展相关业务招标等活动，助力辽宁省民航及相关产业发展。

（8）中国航空器材集团有限公司

中国航空器材集团有限公司（简称中国航材）前身是中国航空器材公司，于1980年10月经国家进出口管理委员会批准成立，是中国民航系统成立的第一家公司。中国航材1996年3月更名为中国航空器材进出口总公司。2002年10月，民航运输及服务保障企业联合重组，成立了3家航空运输集团公司和3家航空服务保障集团公司，中国航材作为3家航空保障集团公司之一，经国务院批复正式组建。2017年，完成公司制改制，建立现代企业制度下的董事会管理体系，更名为中国航空器材集团有限公司。中国航材是国内最大的、中立的、第三方飞机采购及航材保障综合服务提供商，业务范围涵盖航空器整机保障服务、航空器材保障服务、技术装备及机场业务保障服务、通用航空发展及保障服务等领域。公司在航空业界具有较高的知名度和良好的品牌形象，与国内各航空公司以及国际知名的飞机制造厂商、发动机制造厂商、航材供应商等均保持着长期的密切合作。中国航材参与沈阳航空项目，旨在打造涵盖国际航空客运、物流、通航产业、飞机租赁、航空油料等多领域的创新型航空集团。

4.1.7　农业类

辽宁是我国重要的农业大省、粮食大省，农产品资源丰富，区位优势明显，与农业类央企拥有巨大的合作潜力。辽宁正加快推进农产品加工业发展，推进粮油、畜禽、水产千亿级产业集群建设，推进农产加工集聚区提档升级，狠抓项目建设，推动各市开展主题招商活动，加快项目落地，为来辽企业创造良好的营商环境。农业类央企如表4-8所示。

表4-8　　　　　　　　　　　农业类央企

行业	序号	企业（集团）名称	国资委网站排序	总部所在地
农业类	1	中国中化控股有限责任公司	42	河北雄安
	2	中粮集团有限公司	43	北京
	3	中国储备粮管理集团有限公司	47	北京
	4	中国农业发展集团有限公司	76	北京

（1）中国中化控股有限责任公司

中国中化控股有限责任公司（简称中国中化）是由中国中化集团有限公司与中国化工集团有限公司联合重组而成。中国中化业务范围覆盖生命科学、材料科学、石油化工、环境科学、橡胶轮胎、机械装备、城市运营、产业金融等八大领域，是全球规模领先的综合性化工企业。中国中化高度重视在辽业务布局与发展，与辽宁省政府签署了战略合作协议，遵循"发挥优势、资源互补、开放合作、互利共赢"原则，在生命科学、材料科学、石油化工、环境科学、城市运营、产业咨询等重点领域深入合作。中国中化扬农葫芦岛大型精细化工项目是集团在辽宁重点投资项目之一，是辽宁省打造万亿级石化和精细化工产业基地的重点推进项目，是我国北方地区唯一一个高水平的、拥有先进制造能力的大型农化生产基地，能够有效拉动地区经济社会发展，促进当地就业，进一步提升了辽宁省在农化生产领域的地位和作用。

（2）中粮集团有限公司

中粮集团有限公司（简称中粮集团）是与新中国同龄的中央直属大型国有企业，中国农粮行业领军者，全球布局、全产业链的国际化大粮商。中粮集团以农粮为核心主业，聚焦粮、油、糖、棉、肉、乳等品类，同时涉及食品、金融、地产领域。中粮集团旗下拥有15家上市公司，其中包括中国食品、中粮包装、蒙牛乳业、大悦城地产、中粮家佳康、福田实业、现代牧业、中国圣牧8家香港上市公司，以及中粮糖业、妙可蓝多、中粮科技、大悦城控股、酒鬼酒、中粮资本、中粮科工7家内地上市公司。中粮集团与辽宁省签署了战略合作框架协议，涵盖了粮食仓储运输加工、畜牧养殖、商贸、地产、港口等诸多领域，谋划了一大批合作项目。

（3）中国储备粮管理集团有限公司

中国储备粮管理集团有限公司（简称中储粮集团）是经国务院批准组建的涉及国家安全和国民经济命脉的国有大型重要骨干企业。中储粮集团受国务院委托，具体负责中央储备粮棉油的经营管理，同时接受国家委托执行粮棉油购销调存等调控任务，在国家宏观调控和监督管理下，实行自主经营、自负盈亏，确保国有资产保值增值。长期以来，中储粮集团高度重视在辽宁投资发展，在辽宁各地区设置多家中储粮直属库。中储粮集团计划进一步扩大在辽投资、完善布局、增加储备，与辽宁更多其他涉粮协会搭建平台，促进粮食产业融合，为保障国家粮食安全和服务国家宏观调控贡献力量。

（4）中国农业发展集团有限公司

中国农业发展集团有限公司（简称中国农发集团）成立于2004年，是国务院国资委直接管理的大型综合性中央农业企业。中国农发集团聚焦和服务"三农"，是我国农业产业链的综合服务商和安全优质农产品的供应商，业务范围覆盖种业、渔业、畜牧业、农业服务业（主要包括农机与船用机械装备，农场、水运及农业工程建设，粮食与农资供应链经营）等领域，拥有上市公司3家，包括中牧股份、农发种业、中水渔业。中国农发集团实地调研辽宁省农业项目，计划结合集团的产业结构与辽宁省特色资源，围绕农作物种业研发、粮食仓储、高标准农田建设等领域开展合作。

4.1.8 投资商业、服务类

辽宁产业基础雄厚，区位优势明显，当前的发展态势和干事创业氛围令人鼓舞，一批重大工程和重大产业项目相继在辽落地开工。当前，辽宁开放合作，搭建投资交流渠道，推进多项贸易流通，打造成为对外开放新前沿的重要平台，为国有资本运营公司以及其他投资服务型企业创造了更多发展机遇。投资商业、服务类央企如表4-9所示。

表4-9 投资商业、服务类央企

行业	序号	企业（集团）名称	国资委网站排序	总部所在地
投资商业、服务类	1	中国通用技术（集团）控股有限责任公司	45	北京
	2	国家开发投资集团有限公司	49	北京
	3	招商局集团有限公司	50	香港特别行政区
	4	华润（集团）有限公司	51	香港特别行政区
	5	中国诚通控股集团有限公司	56	北京
	6	中国国际技术智力合作集团有限公司	68	北京
	7	中国保利集团有限公司	79	北京

续表

行业	序号	企业（集团）名称	国资委网站排序	总部所在地
投资商业、服务类	8	中国物流集团有限公司	95	北京
	9	中国国新控股有限责任公司	96	北京
	10	中国检验认证（集团）有限公司	97	北京

（1）中国通用技术（集团）控股有限责任公司

中国通用技术（集团）控股有限责任公司（简称通用技术集团）成立于1998年3月，2018年12月获批成为国有资本投资公司试点企业。集团聚焦于先进制造与技术服务、医药医疗健康、贸易与工程服务三大主业。在先进制造与技术服务领域，集团拥有装备制造、新材料等业务；在医药医疗健康领域，业务涵盖医疗、健康管理、健康养老、医药及医疗器械等；在贸易与工程服务领域，集团具备强大的国际市场开发能力、商务集成服务能力、全球资源整合能力、国际项目管理能力和风险管控能力。通用技术集团与辽宁省在机床装备领域共建创新研发中心，举办供需对接会；在医疗健康领域与辽宁省政府开展战略合作，涉及医疗器械、医疗数字化、产业创新培育、金融通道拓宽、产业基金组建等方面。

（2）国家开发投资集团有限公司

国家开发投资集团有限公司（简称国投集团）成立于1995年，是中国最早设立的综合性国有资本投资公司之一，2022年6月正式转为国有资本投资公司，注册资本338亿元。国投集团坚持服务国家战略，优化国有资本布局，提升产业竞争力，在重要行业和关键领域发挥国有资本的引领和带动作用，实现了国有资本保值增值。国投集团在国内、国际两个市场形成了基础产业、战略性新兴产业、金融及服务业三大战略业务单元。这些业务单元涵盖了电力、矿业、交通、健康养老、检验检测、数字经济、工程设计、金融、资产管理、咨询、人力资源服务、国际贸易等多个领域，为国内外客户提供全方位服务和支持。国投集团与辽宁省在能源、金融、养老、医疗健康等领域有着诸多合作。

（3）招商局集团有限公司

招商局集团有限公司（简称招商局集团）是中国民族工商业的先驱之一，成立于1872年，是中国近代史上第一家轮船运输企业。招商局集团的前身是"轮船招商局"，于1873年1月17日在上海正式开业。集团总部位于中国香港，主要经营活动分布于中国香港、中国内地、东南亚等地区，是国家驻港大型企业集团，也是香港四大中资企业之一。招商局集团的业务范围主要包括交通运输与基础设施、金融投资与管理、房地产与园区服务三大核心产业。具体业务包括但不限于航运、地产、港口、物流、金融、贸易等领域，形成了"大交通+大物流"和"金融+实业"的产业协同优势，致力于服务构建新发展格局，推动经济社会高质量发展。招商局集团与辽宁省开展了多方面的央地合作，签署了产融合作系列投资协议。双方共同开发太平湾合作创新区，推进太平湾临港冷链产业项目等基础设施建设，打造"央地合作、振兴东北"的标杆性项目。

（4）华润（集团）有限公司

华润（集团）有限公司（简称华润集团）的前身是于1938年在香港成立的"联和行"。1948年联和进出口公司改组更名为华润公司，现已发展成为业务涵盖大消费、综合能源、城市建设运营、大健康、产业金融、科技及新兴产业六大领域，下设25个业务单元的集团。华润集团致力于企业长远价值建设，构建了适应多元化企业特点的管理模式，并在内地大力发展零售、电力、啤酒、地产等主营行业；旗下拥有多家上市公司，包括华润电力、华润置地等，并且在香港恒生指数成分股中占有重要地位。华润集团投资兴业30余年，与辽宁建立了良好政企关系，形成了良好的产业布局和市场布局，包括五大领域11个业务单元，覆盖省内全部14个地市，累计投入近2 000亿元，带动多个行业产业链快速发展，有力助推辽宁经济社会发展和百姓生活改善。华润集团下属多家公司与辽宁省签署了项目合作协议和投资意向协议，共同签署了《辽宁省人民政府 华润（集团）有限公司战略合作框架协议》，围绕辽宁所需，充分发挥华润国有资本投资公司优势，在大消费、综合能源、城市建设运营、大健康、科技及战略性新兴产业等领域加快落实双方战略合作共识，涉及新能源、城市建设运营等多个领域。

（5）中国诚通控股集团有限公司

中国诚通控股集团有限公司（简称中国诚通）成立于1992年，由原国家物资部直属物资流通企业合并组建而成。在计划经济时期，公司担负着国家重要生产资料指令性计划的收购、调拨、仓储、配送任务，在国民经济中发挥了流通主渠道和"蓄水池"的作用。2005年，国资委确定中国诚通作为国有资产经营公司试点企业，按照市场原则，搭建国有资产重组和资本运作的平台，探索中央企业非主业及不良资产市场化、专业化运作和处置的路径。进入新时期，公司主营业务包括股权运作、金融服务、资产管理，以及综合物流服务、生产资料贸易、林浆纸生产开发及利用等。面对辽宁发展新态势，中国诚通发挥自身优势，在市场化条件下充分运用资本运营手段，计划拓展与辽宁省在基金投资、资产管理、金融服务、特色康养等领域合作空间，配合支持辽宁推进国资国企改革，盘活"两非""两资"资产，培育战略性新兴产业，力争在辽宁全面振兴新突破进程中取得更多合作成果。

（6）中国国际技术智力合作集团有限公司

中国国际技术智力合作集团有限公司（简称中智集团），成立于1987年，是国务院国有资产监督管理委员会直接管理的一家以人力资源服务为核心主业的中央一级企业。其服务范围涵盖人力资源外包、人力资源管理咨询、招聘猎头灵活用工及BPO、培训、国际人力资源服务（含对外劳务合作、商事服务）、技术贸易业务等六大板块，为全球的世界500强企业和中国500强企业提供服务，服务企业客户达5万余家，其业务领域横跨石化、金融、保险、通信、电子、IT、汽车、医药、地产、建筑、物流、制造、商贸、传媒、教育、环境、餐饮、快速消费品等诸多领域，规模与效益处于行业头部。中智集团与辽宁省在人才智力引进、高层次人才猎头、市场化政府智库、国资国企改革、发展人力资源服务业、搭建招才引智平台、人力资源外包服务、技术技能人才培训等方面展开深度合作，共同开创兴辽人才新局面。

（7）中国保利集团有限公司

中国保利集团有限公司（简称保利集团）成立于1993年，前身是保利科技有限公司，是一家业务范围涵盖人们衣食住行用和精神文化生活等方面的多元化企业集团，业务遍布国内100多个城市及全球近百个国家。保利集团的贸易、地产、文化、科技、工程等多项业务处于行业引领位置，具有一系列"中国"字头的子企业和品牌，"保利品牌"获得广泛信任和高度认可；以"保国利民，奉献社会"为宗旨，秉持"诚信创新、与时俱进"的经营理念和科技创新的核心价值观，在军民品贸易、房地产开发、文化艺术经营、矿产资源领域投资开发、民爆科技等领域取得了显著成就；业务范围广泛，涵盖了国际贸易、房地产开发、轻工领域研发和工程服务、工艺原材料及产品经营服务、文化艺术经营、民用爆炸物品产销及服务、金融业务等多个领域。保利集团与辽宁各地区开展合作，全力支持现有项目建设，并在城中村改造、产业项目、物业管理等新领域寻求新的合作机会。

（8）中国物流集团有限公司

中国物流集团有限公司（简称中国物流）由原中国铁路物资集团有限公司工商登记信息变更而来，成立于2021年12月6日，旨在成为具有全球竞争力的世界一流综合性现代物流企业集团。集团的业务涵盖供应链物流、民生物流、特种物流、危险品物流、工业物流、应急物流、冷链物流、跨境物流等多个领域，提供仓储、运输、配送、包装、多式联运、国际货代、期货交割、跨境电商、国际贸易、物流设计、供应链管理、加工制造、科技研发、电子商务等综合物流服务。中国物流在辽宁省有多个项目落地与推进，如中储沈阳现代物流园等项目。双方在2024年举行工作会商会议，计划扩大在辽业务布局，进一步推进合作。

（9）中国国新控股有限责任公司

中国国新控股有限责任公司（简称中国国新）成立于2010年12月22日，2016年初被国务院国有企业改革领导小组确定为国有资本运营公司试点，2022年12月正式由试点转入持续深化改革阶段，是中央一级的国有资本运营公司之一，在国资国企改革、专业化资本运营等方面拥有丰富经验。其主要业务包括国有资产经营与管理、国有股权经营与管理、受托管理、资本运营、为开展上述业务所进行的投资和咨询业务以及承担国资委授权或委托的其他业务。中国国新发挥"资本+人才+技术"运营模式优势，积极参与辽宁省央地合作工作，在基金投资、股权运作、金融服务、医保基金管理服务以及资本运营人才培养等领域均有所建树。

（10）中国检验认证（集团）有限公司

中国检验认证集团（简称中国中检）是以"检验、检测、认证、标准、计量"为主业的综合性质量服务机构。服务范围涵盖农业、工业和服务业三大产业，涉及国民经济各行各业、国计民生方方面面，形成了包括交通运输、消费电子电器、工业电器、新能源和绿色低碳、大宗商品检验鉴定、体系认证及管理提升服务、农食安全、公共安全、医疗和环境、计量等专业领域的综合质量服务体系。中国中检与辽宁省签订了多项协议，双方计划加强标准检验检测认证服务等领域的合作，打造集研发孵化、检验检测认证、标准制修订、培训配套服务于一体的检验检测全产业链，在质量管理创新政策体系、地方检验检测机构市场化发展、绿色生态、公共服务平台、"产学研用"联盟等领域推动多元化建设，服务辽宁省高质量发展。

4.1.9　建筑工程类

辽宁地区的全面振兴与发展战略，正以前所未有的力度与深度，催生出对基础设施建设、城市现代化更新、乡村振兴战略实施以及闲置楼宇盘活等一系列项目的迫切需求，标志着辽宁经济社会发展进入新阶段，更为建筑工程类企业提供了广阔的市场空间与前所未有的发展机遇。建筑工程类央企如表4-10所示。

表4-10　　　　　　　　　　　　建筑工程类央企

行业	序号	企业（集团）名称	国资委网站排序	总部所在地
建筑工程类	1	中国建筑集团有限公司	46	北京
	2	中国南水北调集团有限公司	48	北京
	3	中国国际工程咨询有限公司	55	北京
	4	中国建材集团有限公司	63	北京
	5	中国建筑科学研究院有限公司	69	北京
	6	中国铁路工程集团有限公司	72	北京
	7	中国铁道建筑集团有限公司	73	北京
	8	中国交通建设集团有限公司	74	北京
	9	中国建设科技有限公司	80	北京

（1）中国建筑集团有限公司

中国建筑集团有限公司（简称中建集团），正式组建于1982年，是我国专业化发展最久、全球规模最大的投资建设集团之一。中建集团拥有上市公司8家，二级控股子公司100余家，经营业绩遍布国内及海外一百多个国家和地区，业务布局涵盖投资开发（房地产开发、建造融资、持有运营）、工程建设（房屋建筑、基础设施建设）、勘察设计、新业务（绿色建造、节能环保、电子商务）等板块。在中国，中建集团投资建设了90%以上的300米以上摩天大楼、3/4重点机场、3/4卫星发射基地、1/3城市综合管廊、1/2核电站，每25个中国人中就有一人使用中建集团建造的房子。中建集团主动服务辽宁经济发展，主动引导子企业布局辽宁，主动参与辽宁重大工程建设，主动开展在辽互利合作，全力服务辽宁社会主义现代化建设。中建集团与辽宁省签署了战略合作框架协议，充分发挥全产业链优势，更大力度服务辽宁基础设施建设，参与地铁、高速公路、城际铁路、水利、新基建等领域的投资建设，进一步激发辽宁经济发展活力。

（2）中国南水北调集团有限公司

中国南水北调集团有限公司（简称中国南水北调）于2020年10月23日在京正式成立，是关系国家水资源安全和国民经济命脉的大型国有重点骨干企业。中国南水北调是加强南水北调工程运行管理、完善工程体系、优化我国水资源配置格局的重要力量，致力于充分发挥南水北调工程的战略性基础性功能，加快推进南水北调事业高质量发展，坚定不移地推进水资源优化配置，确保工程持续安全运行，保障供水安全、水质安全，不断提升南水北调工程综合效益，全面落实节水优先方针，积极支持生态修复用水和防汛抗旱。中国南水北调与辽宁省人民政府签署战略合作框架协议，推进东北水网和辽宁水网建设，创新水网建设体制机制，推动水网建设融合发展、综合开发，在辽宁现代水网工程体系建设、灌区现代化改造、水产业综合开发、涉水相关领域改革等方面全方位合作，谋划推进更多合作项目落地。

（3）中国国际工程咨询有限公司

中国国际工程咨询有限公司（简称中咨公司）成立于1982年，是国家高端智库和从事综合性工程咨询的中央企业，也是国家投资建设领域决策科学化、民主化的先行者。业务领域覆盖国民经济的主要行业，具有甲级工程咨询综合资信、工程咨询专业资信、工程咨询专项资信等专业资质，通过了 ISO 9001，ISO 14001，ISO 45001 等体系认证，建立了覆盖全部业务范围，较为健全的质量管理、环境管理和职业健康安全管理体系。参与过的重要项目包括西气东输、西电东送、南水北调、京沪高铁、奥运场馆、载人航天、探月工程，以及京津冀协同发展、长江经济带、粤港澳大湾区建设、"一带一路"建设、西部大开发、东北振兴、新疆和藏区发展等一大批关系国计民生、体现综合国力的建设项目和发展规划，为国家经济建设和高质量发展做出了重要贡献。辽宁省各地、各有关部门与中咨公司合作，通过大数据分析，在战略性新兴产业、科技创新、生态环保、文化旅游等领域精准谋划大量优质项目。

（4）中国建材集团有限公司

中国建材集团有限公司（简称中国建材）由中国建筑材料集团有限公司与中国中材集团有限公司于2016年8月合并重组成立，是全球最大的综合性建材产业集团、世界领先的新材料开发商和综合服务商。业务范围包括产业、科技、成套装备、物流贸易等，拥有水泥、商混、石膏板、玻璃纤维、风电叶片等多项业务，规模居世界第一。集团致力于成为世界一流的综合性建材产业集团，战略定位为行业整合的领军者、产业升级的创新者、国际产能合作的开拓者。此外，中国建材还重点打造基础建材平台、国际产能合作平台、三新产业发展平台、国家级材料科研平台、国家级矿山资源平台、金融投资运营平台等六大业务平台。中国建材计划参与支持辽宁基础建材行业重组整合，在市场化条件下加大在辽业务布局和投资力度，在工程技术服务方面深化与辽宁装备制造企业合作。中国建研院发挥综合技术优势，在城市更新项目、工程审查工作、灾普数据应用以及智能建造体系建设等方面为辽宁省提供技术支撑。

（5）中国建筑科学研究院有限公司

中国建筑科学研究院有限公司（简称中国建研院）成立于1953年，原隶属于建设部，2000年由科研事业单位转制为科技型企业，2017年12月完成公司制改制，是全国建筑行业最大的综合性研究和开发机构。中国建研院以建筑工程为主要研究对象，以应用研究和开发研究为主，致力于解决我国工程建设中的关键技术问题；负责编制与管理我国主要的工程建设技术标准和规范，开展行业所需的共性、基础性、公益性技术研究，承担国家建筑工程、空调设备、太阳能热水器、电梯、化学建材、建筑节能的质量监督检验和测试任务。

（6）中国铁路工程集团有限公司

中国铁路工程集团有限公司（简称中国中铁）成立于1950年3月，是集勘察设计、施工安装、工业制造、房地产开发、资源利用、金融投资和其他新兴业务于一体的特大型企业集团；是中国和亚洲最大的多功能综合型建设集团之一；也是全球最大建筑工程承包商之一。中国中铁的业务范围广泛，包括铁路、公路、市政工程等，并拥有中华人民共和国住房和城乡建设部批准的铁路工程施工总承包特级资质、公路工程施工总承包特级资质等。公司连续多年进入《财富》世界500强和中国企业500强，并在多个领域取得了显著的成就和荣誉。先后参与建设的铁路占中国铁路总里程的2/3以上，建成电气化铁路占中国电气化铁路的90%，参与建设的高速公路约占中国高速公路总里程的1/8，建设了中国3/5的城市轨道工程等。中国中铁主动服务东北振兴战略，充分发挥自身优势，与沈阳强化规划协同、需求对接，推动重大项目加快落地实施。中国中铁与辽宁签约多个项目，为沈阳建设国家中心城市、实现全面振兴新突破作出积极贡献。

（7）中国铁道建筑集团有限公司

中国铁道建筑集团有限公司（简称中国铁建）的前身是中国人民解放军铁道兵，现为国务院国有资产监督管理委员会管理的特大型建筑企业，2007年11月5日在北京独家发起设立中国铁建股份有限公司，2008年3月10日、13日分别在上海和香港上市，公司注册资本135.8亿元。中国铁建是全球最具实力、规模的特大型综合建设集团之一，以工程承包为主业，业务范围涵盖勘察、设计、投融资、施工、设备安装、工程监理、技术咨询、外经外贸等多个领域。辽宁是中国铁建在东北地区的发展重地，中国铁建为城市智慧化、数字化转型升级注入新动力，积累智能产业资源，提升品牌优势，对深耕东北区域市场、实现滚动发展起到积极作用。

（8）中国交通建设集团有限公司

中国交通建设集团有限公司（简称中交集团）是全球领先的特大型基础设施综合服务商，主要从事交通基础设施的投资建设运营、装备制造、城市综合开发等，为客户提供投资融资、咨询规划、设计建造、管理运营一揽子解决方案和综合一体化服务。中交集团是世界最大的港口设计建设公司、世界最大的公路与桥梁设计建设公司、世界最大的疏浚公司、世界最大的集装箱起重机制造公司、世界最大的海上石油钻井平台设计公司，亚洲最大的国际工程承包公司，中国最大的高速公路投资商。中交集团高度重视在辽发展，在辽常驻经营机构20余家，依托基础设施全产业链和综合一体化服务优势，全面深化与辽宁省的战略合作，全面参与高速公路、铁路轨道、综合交通枢纽等重大基础设施项目投资建设，构建辽宁高质量综合立体交通网；深度参与市政工程、城市更新、冷链物流、燃气能源等项目建设，推动辽宁城市群和都市圈加快发展；深度参与辽宁水环境治理、水利水务环保、海上风电等工程，加快辽宁现代化水网建设。

（9）中国建设科技集团股份有限公司

中国建设科技集团股份有限公司（简称中国建科）于2014年6月30日正式成立，是能全面覆盖城乡建设领域各专业门类、整体实力领先的科技型中央企业。其主营业务范围包括建筑工程、市政工程、规划咨询、生态环境、数字智慧、文化传承六大板块，先后设计完成了北京火车站、中国美术馆、国家图书馆、国家体育场（鸟巢）、故宫保护、长城保护、引滦入津、西气东输、南水北调、长江三峡库区环境保护等国家重点工程以及新加坡国家博物馆、新加坡滨海湾花园、新加坡樟宜机场、斯里兰卡班达拉奈克国际会议大厦等具国际影响的海外工程。沈阳正在打造东北亚重要经济中心，中国建科将生态化、数字化、智慧化技术与沈阳城市的发展理念和规划深度融合，可推动新型建筑产业化和科技创新平台建设，打造标志性项目，为沈阳成为现代化、国际化、生态化的智慧都市赋能。

4.1.10 文旅类

辽宁拥有丰富的自然景观和深厚的历史文化底蕴。自然景观方面，辽宁拥有多样化地理特征，包括山脉、河流、海洋等自然资源，这些自然资源为旅游开发提供了良好条件。历史文化方面，辽宁拥有丰富的历史文化遗产，包括世界文化遗产如"一宫三陵"、绥中九门口水上长城等，以及牛河梁遗址等，这些文化遗址不仅展示了辽宁深厚的历史文化底蕴，也为文旅发展提供了丰富素材。此外，辽宁还有深厚的工业文化，被誉为"共和国工业长子"，这种独特的工业文化也是吸引游客的重要因素。

近年来，辽宁通过引进文旅头部企业、优化文体旅产品供给结构、提升文体旅产品和服务品质、推动区域协调发展等一系列措施，来促进文旅产业的进一步发展，旨在打造旅游核心吸引力，塑造文体旅知名品牌，优化文体旅消费环境，策划推出特色目的地和系列精品线路。辽宁省文旅产业振兴发展呈现良好态势，央地合作前景广阔。文旅类央企如表4-11所示。

表4-11　　　　　　　　　　　　　　　文旅类央企

行业	序号	企业（集团）名称	国资委网站排序	总部所在地
文旅类	1	中国旅游集团有限公司［香港中旅（集团）有限公司］	52	香港特别行政区
	2	华侨城集团有限公司	92	广东深圳
	3	南光（集团）有限公司［中国南光集团有限公司］	93	澳门特别行政区

（1）中国旅游集团有限公司［香港中旅（集团）有限公司］

中国旅游集团有限公司［香港中旅（集团）有限公司］（简称中旅集团）是中央直接管理的国有重要骨干企业，也是总部在香港特别行政区的中央企业之一。集团形成了由中旅旅行、中旅国际、中旅投资、中旅免税、中旅酒店、中旅发展、中旅资产、中旅邮轮八大业务单元组成的产业布局，网络遍布中国和海外近30个国家和地区。集团旗下汇聚了港中旅、国旅、中旅、中免等众多知名旅游品牌，是唯一家以旅游为核心主业的央企，也是目前我国发展历史最长、产业链条较全、经营规模较大、品牌价值较高的旅游龙头企业。中旅集团正逐步扩大在辽投资布局，挖掘并释放辽宁文旅资源优势和潜力，谋划设计红色旅游构想，积极向全国乃至全世界游客推广和宣传辽宁的丰富旅游资源和厚重的历史文化，提升服务水平，让更多游客走进辽宁。

（2）华侨城集团有限公司

华侨城集团有限公司（简称华侨城）创立于1985年，以文化、旅游、房地产、电子科技为主业，旗下主题公园、住宅社区、文化演艺、文旅商综合体、文化产业园区、旅游酒店、电子科技等多业态齐头并进，产业规模和品质不断提升。华侨城是首批国家级文化产业示范园区、全国文化企业30强、中国旅游集团20强、中国房企品牌20强，业务遍及全国百余座城市以及全球多个国家和地区，在境内外拥有华侨城A、深康佳、云南旅游、华侨城（亚洲）4家上市公司。华侨城在辽宁省文旅产业振兴发展大会上与辽宁省鞍山市人民政府签署战略合作项目，将鞍山作为企业战略布局的重要地区，加大在鞍投资力度，拓展合作领域，打造更多精品项目、示范标杆。

（3）南光（集团）有限公司［中国南光集团有限公司］

南光（集团）有限公司［中国南光集团有限公司］是唯一一家总部设在澳门的国务院国资委直接管理的中央企业，集团前身南光贸易公司于1949年8月创立，是澳门最早的中资机构。1985年8月，南光（集团）有限公司成立。南光集团大力发展能源保障、民生贸易、酒店旅游、城市建设、综合物流、文创会展、公共交通、现代金融等产业板块；拥有澳门唯一的油气储存设施和唯一的航煤供应设施；是天然气管网建设和运营商；是办理"港澳居民来往内地通行证"及"台湾居民来往大陆通行证"的指定单位、拥有供应澳门活畜禽配额；是对澳门开展劳务合作业务经营的专营企业之一；是澳门电力公司最大股东、中华（澳门）金融资产交易股份有限公司最大股东。南光集团与辽宁省在文化旅游、贸易物流、消费帮扶等领域存在合作潜力。

4.1.11　医疗类

辽宁医药产业基础良好，道地药材资源丰富，医药工业产品门类齐全。辽宁正在加快中医药强省建设，全力打造包括生物医药、医疗装备在内的22个重点产业集群，这为医药企业在辽宁投资布局创造了广阔空间。医疗类央企如表4-12所示。

表4-12　　　　　　　　　　　医疗类央企

行业	序号	企业（集团）名称	国资委网站排序	总部所在地
医疗类	1	中国医药集团有限公司	78	北京

中国医药集团有限公司（简称国药集团）是由国务院国资委直接管理的以生命健康为主业的中央企业。集团规模、效益和综合实力居于全球同行业领先地位，拥有科技研发、工业制造、物流分销、零售连锁、医疗健康、工程技术、专业会展、国际经营、金融投资大健康全产业链。国药集团拥有1 700余家成员企业，国药控股、国药股份、国药一致、天坛生物、中国中药、国药现代、国药太极、九强生物、卫光生物9家上市公司。国药集团在辽宁布局近百家企业，涵盖商贸流通、工业制药、医疗管理、医养康养、免税等多个领域，并持

续向纵深推进，形成了央地协同、融合共赢、携手并进的良好局面。国药集团在辽宁发挥生命健康产业旗舰优势，在生物制药、化学制药、现代中药、医疗器械四大工业板块上持续发力；在医药物流、科技研发、康养医疗、免税商店等多领域不断加深与辽宁省的务实合作；依托辽宁区位优势，将沈阳作为药品流通贸易的东北枢纽开展各项业务，打造辽宁医药物流商贸集散地。

4.2 央企在辽总体布局

截至2023年底，中央企业在辽宁共驻各级企业1 846户，涉及船舶制造、冶金、航空、石油化工、交通、金融等多个领域。从总体布局来看，目前辽宁省内只有1家央企总部，即位于鞍山市的鞍钢集团；97家央企在辽宁省设立分支机构的不在少数，也有以分公司形式存在的。值得一提的是，央企分支机构大多集中在沈阳，其次是拥有良好资源环境和经济基础的大连，其他市较少。具体情况如表4-13所示。

表4-13　　　　　　　　驻辽央企下属分支机构名录

序号	名称	所属集团	地址
1	中航沈飞股份有限公司	中国航空工业集团	沈阳市
2	沈阳飞机设计研究所（601所）	中国航空工业集团	沈阳市
3	中国航发沈阳黎明航空发动机有限责任公司	中国航空发动机集团	沈阳市

续表

序号	名称	所属集团	地址
4	中国航空发动机集团有限公司沈阳发动机研究所	中国航空发动机集团	沈阳市
5	辽沈工业集团有限公司	中国兵器工业集团	沈阳市
6	通用技术集团沈阳机床有限责任公司	中国通用技术集团	沈阳市
7	沈阳化工股份有限公司	中国中化集团	沈阳市
8	中车沈阳机车车辆有限公司	中国中车集团	沈阳市
9	中智沈阳经济技术合作有限公司	中国国际技术智力合作集团	沈阳市
10	华电辽宁能源发展股份有限公司	中国华电集团	沈阳市
11	中盐辽宁盐业有限公司	中国盐业集团	沈阳市
12	中煤科工集团沈阳研究院有限公司	中国煤炭科工集团	沈阳市
13	中国有色集团沈阳矿业投资有限公司	中国有色矿业集团	沈阳市
14	中国建筑东北设计研究院有限公司	中国建筑集团	沈阳市
15	中铁九局集团有限公司	中国铁路工程集团	沈阳市
16	中国电子科技集团公司第四十七研究所	中国电子科技集团	沈阳市
17	中国机械总院集团沈阳铸造研究所有限公司	中国机械科学研究总院集团	沈阳市
18	大连船舶重工集团有限公司	中国船舶集团	大连市
19	中国船舶集团大连船舶工业有限公司	中国船舶集团	大连市
20	大连测控技术研究所	中国船舶集团	大连市
21	辽宁红沿河核电有限公司	中国广核集团	大连市
22	通用技术集团大连机床有限责任公司	中国通用技术集团	大连市

续表

序号	名称	所属集团	地址
23	中国华录集团有限公司	中国电子科技集团	大连市
24	大连港集团有限公司	招商局集团	大连市
25	中国能源建设集团鞍山铁塔有限公司	中国能源建设集团	鞍山市
26	中国石油化工集团有限公司抚顺石油化工研究院	中国石油化工集团	抚顺市
27	中国有色集团抚顺红透山矿业有限公司	中国有色矿业集团	抚顺市
28	本钢集团有限公司	鞍钢集团	本溪市
29	辽宁华兴机电有限公司	中国兵器工业集团	锦州市
30	东方国际集装箱（锦州）有限公司	中国远洋海运集团	锦州市
31	辽宁阜新发电厂	国家电网	阜新市
32	北方华锦化学工业集团有限公司	中国兵器工业集团	盘锦市
33	渤海船舶重工有限责任公司	中国船舶集团	葫芦岛市

4.2.1 辽宁省沈阳市主要央企子公司

（1）中航沈飞股份有限公司

中航沈飞股份有限公司（简称中航沈飞）是以航空产品制造为核心主业，集科研、生产、试验、试飞、服务保障为一体的大型现代化飞机制造企业，是中国航空工业集团有限公司骨干企业之一，被誉为"中国歼击机的摇篮"。在军用航空装备方面，先后研制生产了40余种型号数千架歼击机装备部队，填补了一系列国防建设空白，谱写了我国航空工业发展的恢宏篇章，特别是公司研制生产的我国第一型舰载多用途战斗机——歼"15"，使我国固定翼航空武器装备实现了陆基向海基的重大突破。在民用航空装备方面，向10余个国家和地区的航空制造企业提供民机产品，特别是以风险合作伙伴模式从设计阶段参与空客 A220 飞机研制，开启了公司民机产业深化国际合作的新篇章。同时，全力参与和保障 C919、ARJ21、C929 等飞机的研发设计与配套供应，为国产民机事业发展提供了坚实支撑。

（2）沈阳飞机设计研究所（601所）

沈阳飞机设计研究所（601所）是中国航空工业集团有限公司直属科研事业单位，成立于1961年，是新中国组建最早的飞机设计研究所，主要从事战斗机的总体设计与研究工作。601所实力雄厚，专业设置齐全，涵盖了飞机设计、试验验证和技术支持三大类，共计54个重点专业领域、158个设计专业。自建所以来，成功研制了我国第一架高空高速歼击机——歼8白天型飞机，开辟了我国航空武器自主研制的新纪元。

（3）中国航发沈阳黎明航空发动机有限责任公司

中国航发沈阳黎明航空发动机有限责任公司（简称中国航发沈阳黎明）隶属于中国航空发动机集团有限公司，始建于1954年，是国家"一五"期间156项重点工程项目之一，位于沈阳市大东区，占地面积100多万平方米，主要业务涵盖航空发动机、燃气轮机、国际业务与民机等领域，是新中国第一个航空涡轮喷气发动机制造企业，中国大、中型航空喷气式发动机科研生产基地，为国防建设提供了强有力保障。

（4）中国航空发动机集团有限公司沈阳发动机研究所

中国航空发动机集团有限公司沈阳发动机研究所（简称中国航发

动力所）地处沈阳市沈河区，创建于1961年8月6日，主要从事大、中型航空发动机及燃气轮机的设计研究与产品开发，是国家批准的有权授予航空宇航推进理论与工程专业硕士、博士学位的单位，是新中国第一个航空发动机设计研究所，是中国大型涡喷、涡扇航空发动机的研发基地，同时还承担着燃气轮机研发任务。

（5）辽沈工业集团有限公司

辽沈工业集团有限公司总部位于沈阳市大东区，是中国兵器工业集团有限公司下属的大型国有独资企业，占地总面积约56平方千米，其中沈阳总部占地42平方千米，辽西子公司占地14平方千米。公司有较强的产品研发能力和机械加工能力，公司设有专业产品研究所及国防科技工业2111二级计量站，是国防科技工业复杂构件挤压成形技术创新中心理事长单位、辽宁省高新技术企业、辽宁省省级企业技术中心单位。公司在装备制造行业深耕细作多年，掌握产品装药、智能化装配检测、有色金属熔敷焊接、金属表面处理、塑性成形等关键核心技术，拥有集精密加工、激光加工、电加工等技术为一体的机械加工体系。

（6）通用技术集团沈阳机床有限责任公司

通用技术集团沈阳机床有限责任公司（简称通用技术沈阳机床）隶属于中国通用技术（集团）控股有限责任公司，总部位于沈阳市经济技术开发区，占地约100万平方米，主导产品为金属切削机床，包括车削、钻削、铣削和镗削加工机床。公司在"一五"期间建成了明确产品分工和发展方向的18家专业、骨干机床厂，时称"十八罗汉"。沈阳第一机床厂为"降龙罗汉"、沈阳第二机床厂为"坐鹿罗汉"、沈阳第三机床厂为"举钵罗汉"，并分别成为我国车床、钻镗床、自动机床领域排头兵企业。沈阳第一机床厂、沈阳第二机床厂同时是我国"一五"期间重点建设的 156 个项目之一。公司于 1995 年 12 月通过对 3 家企业重组而组建。公司创造了新中国多项第一，新中国第一枚金属国徽、第一台普通车床、第一台摇臂钻床、第一台卧式镗床、第一台数控车床均诞生在这里。

（7）沈阳化工股份有限公司

沈阳化工股份有限公司是以氯碱化工、石油化工和化工新材料为主业的国有控股上市公司，旗下有沈阳石蜡化工有限公司和山东蓝星东大有限公司 2 家子公司。公司前身为沈阳化工厂，成立于 1938 年，1997 年以"沈阳化工"（000698）在深交所 A 股上市，现为中央企业中国中化控股有限责任公司所属企业。公司主要生产装置有 20 万吨/年 PVC 糊树脂、20 万吨/年烧碱、50 万吨/年催化热裂解制乙烯（CPP）、13 万吨/年丙烯酸及酯、30 万吨/年聚醚多元醇等装置，主导产品的产量、质量及生产工艺技术均居国内同行业前列，部分已达到国际先进水平。

（8）中车沈阳机车车辆有限公司

中车沈阳机车车辆有限公司（简称中车沈阳）前身为沈阳机车车辆厂，始建于 1925 年，2002 年 6 月 18 日投资注册成立"沈阳机车车辆有限责任公司"，2016 年 1 月 6 日正式更名为中车沈阳机车车辆有限公司，是我国铁路货车检修龙头企业，货车新造骨干企业。公司主营业务包括铁路货车新造、检修和各种铁路配件制造。通过整体搬迁，企业再造，公司货车工艺装备水平达到国内领先、国际先进水平，具备年新造货车 5 000 辆、检修货车 15 000 辆的生产能力，大幅提升了企业核心竞争力。

（9）中智沈阳经济技术合作有限公司

中智沈阳经济技术合作有限公司（简称中智沈阳）成立于2006年，是中智集团在东北地区经营的全功能型区域公司，是辽宁省人民政府、沈阳市人民政府人力资源战略合作伙伴。公司主营业务包含：人事管理、人才派遣、业务外包、招聘及灵活用工、管理咨询、健康福利、国际人力资源服务以及人力资源技术服务8个业务条线。先后荣获"全国人力资源诚信服务示范机构""全国模范劳动关系和谐企业"国家级荣誉称号。

（10）华电辽宁能源发展股份有限公司

华电辽宁能源发展股份有限公司于1998年6月4日成立，是集火力发力、风力发电、供热、供气为一体的综合性基础能源企业，为中国华电集团有限公司在辽宁省设立的区域子公司、上市公司。公司下属企业有辽宁华电铁岭发电有限公司、白音华金山发电有限公司、阜新金山煤矸石热电有限公司、丹东金山热电有限公司、华电辽宁能源发展股份有限公司金山热电分公司、桓仁金山热电有限公司、辽宁彰武金山风力发电有限责任公司等。

（11）中盐辽宁盐业有限公司

中盐辽宁盐业有限公司于2001年6月在辽宁省沈阳市成立，是中国盐业集团有限公司与辽宁省盐业集团有限公司共同出资组建的有限公司，中国盐业集团有限公司绝对控股。中盐辽宁盐业有限公司经营范围为盐及盐化工产品、盐业所需的原材料销售、食盐批发，公司本部是盐业务综合经营平台，一个全资子公司为中盐营口盐业物流配送有限公司。

（12）中煤科工集团沈阳研究院有限公司

中煤科工集团沈阳研究院有限公司（简称中煤科工沈阳研究院）始建于1953年，是新中国成立最早的煤矿科研机构，奠定了我国煤矿安全科学基础。中煤科工沈阳研究院是我国煤矿安全原创技术的策源地、煤炭相关科研机构的起始地和煤矿安全高端人才的孕育地。牵头编制了我国第一部《煤矿安全规程》和我国第一部综合性的煤矿火灾防治规范性文件《煤矿防灭火细则》，制定了我国第一部《防治煤与瓦斯突出细则》，首次提出"四位一体"综合防突措施、矿井分源预测法、火风压、均压防灭火技术和通风网络解算等，研制出首台惰气发生装置、移动泵和膜分离制氮机。

（13）中国有色集团沈阳矿业投资有限公司

中国有色集团沈阳矿业投资有限公司（简称中色沈矿）是在1983年成立的中国有色金属工业沈阳公司基础上，于2006年经过重组改制设立的，于2007年成为中国有色矿业集团有限公司的全资子公司。中色沈矿主营业务包括：产业投资；矿冶科学技术的研究、开发、咨询服务；矿石及矿产品和冶炼产品分析、岩矿鉴定和测试、选冶试验研究；金属材料研发、销售；有色金属资源开发、选矿药剂研发生产。中色沈矿拥有直接或间接控股企业8家，包括：赤峰富邦铜业有限责任公司、赤峰大井子矿业有限公司、铁岭选矿药剂有限公司、沈阳有色金属研究院有限公司、沈阳中色贵金属新材料有限公司、赤峰大井子锡业有限公司、沈阳有研矿物化工有限公司、迈特选矿技术（非洲）有限公司。

（14）中国建筑东北设计研究院有限公司

中国建筑东北设计研究院有限公司（简称中建东北院）系国家大

型综合建筑勘察设计单位，是中央政府适应新中国经济建设而组建的六大地区建筑设计院之一，隶属于世界500强企业中国建筑集团有限公司。中建东北院在沈阳总部设有8个综合设计院，以及规划设计院、市政设计院、创意中心、创新技术研究院、双碳研究院、数字化设计研究院、期刊管理部、投资事业部、中建东设岩土工程有限公司、中国建筑（辽宁）工程顾问有限公司、沈阳东建施工图审查咨询有限公司。

（15）中铁九局集团有限公司

中铁九局集团有限公司（简称中铁九局）系国务院国资委监管的中央企业，隶属于世界500强企业中国中铁股份有限公司，于2021年5月入选国务院国资委"双百企业"名单，是集设计、施工、科研、房地产开发为一体的多功能、大型集团，年施工能力600亿元以上。中铁九局先后参与了福厦客专、哈大客专、杭长客专、兰新客专、京沈客专等12条高速铁路新建工程；参与了哈大、丹大、京通、额哈、沪昆、成昆、湘桂、拉林等30余条大中型铁路的改建、增建和新建工程；承建了沈阳枢纽和昆明枢纽等10余座特大型铁路编组站工程；承建了京新高速、广东梅大、福建漳永、云南龙瑞和沈阳绕城等30余条高速公路工程；参建了我国北方第一座跨海大桥——青岛海湾大桥；参建了北京、天津、沈阳、西安、青岛等20余个大中型城市的地铁及轨道交通工程等。

（16）中国电子科技集团公司第四十七研究所

中国电子科技集团公司第四十七研究所（以下简称中国电科第四十七研究所），始建于1958年，是从事军用集成电路、分立器件和微系统模块研制生产的国家军工一类研究所，拥有设计、封装、测试和应用等资源与能力。曾研制出具有国际先进和国内领先水平的多种半导体分立器件、微机系列电路、微控制器电路、存储器电路、AD/DA转换器电路、FPGA电路、电源管理电路、总线接口电路、抗辐射加固集成电路、混合集成电路模块和系统板卡等。多个项目取得了我国集成电路相关领域的第一。其中包括我国第一款八位微处理器、第一款具有抗核加固性能的八位微控制器、第一款抗辐照加固十六位微控制器（我国首款获得国防科技一等奖的集成电路项目）。产品广泛用于航天、航空、船舶、兵器、电子和核工业等重要军事装备，为我国国防工业和微电子行业作出了突出贡献。

（17）中国机械总院集团沈阳铸造研究所有限公司

中国机械总院集团沈阳铸造研究所有限公司前身是沈阳铸造研究所，成立于1957年2月25日，是原机械工业部直属的事业单位，隶属国资委管辖下的中国机械科学研究总院集团有限公司，是国家级铸造技术专业研究机构，是国家硕士研究生定点招收单位。公司主要从事铸钢材料、铸铁材料、铸造有色合金材料、高温合金材料、铸造原辅材料、铸造复合材料、先进熔炼技术、特种铸造及精密技术、铸造环保技术、型芯3DP成型技术、铸造设备等方面的研究、开发、技术推广及产品生产。目前设有特种钢铸件生产基地、电渣熔铸件生产基地、大型铝镁合金铸件生产基地、有色精密铸造生产基地、钛合金铸件生产基地、高温合金铸件生产基地、铜合金铸件生产基地、铸造材料生产基地、铸造设备生产基地和成套加工中心。

4.2.2　辽宁省其他市主要央企分支机构

（1）大连船舶重工集团有限公司

大连船舶重工集团有限公司（简称大连船舶重工）始建于1898年，

是由中国船舶集团有限公司控股的规模大、建造产品齐全的大型现代化船舶总装厂，隶属于中国船舶重工，前身为"中东铁路公司轮船修理工场"和"中东铁路公司造船工场"。大连船舶重工被誉为中国"海军舰艇的摇篮"，历经俄日殖民统治、苏联接管、独立经营、企业分建、整合重组和新大船等发展阶段，创造了中国造船史上80多个"第一"。新中国成立以来共建造了44个型号、822艘舰船，是我国水面舰船研制生产实力最强、为海军建造舰船最多的船厂。中国第一艘炮艇、第一艘导弹潜艇、第一艘导弹驱逐舰、第一艘油水补给船等都是由大连船舶重工建造的。

（2）中国船舶集团大连船舶工业有限公司

中国船舶集团大连船舶工业有限公司（简称大连船舶工业）成立于1984年1月12日，是中国船舶集团有限公司全资子公司。2021年7月5日，中国船舶集团有限公司宣布对大连公司实施区域化整合实体化改革，将大连船用推进器有限公司、大连船用阀门有限公司划入大连公司直接管理。改革后的大连公司定位于进一步做强做优船用推进器和船用阀门等船用配套装备，加强市场开发和资源统筹，积极探索新的船舶配套领域，更好推动船舶配套装备发展，建设成为行业一流、国际知名船舶配套企业。

（3）大连测控技术研究所

大连测控技术研究所始建于1966年，隶属于中国船舶集团有限公司，是国家重点国防科研单位，坐落于大连市，主要从事船舶噪声振动检验测试、海洋工程测试研究、海洋应用物理研究、海洋环境研究以及海上试验，是一所具有先导性、基础性、公益性、综合性的科研事业单位。研究所下设一个拥有多艘试验船舶、专用码头、专用试验海区、专门从事海上试验的海上试验技术中心，附设1个国家级国防科技重点实验室和3个国家级检测中心，是水声工程专业博士/硕士研究生培养点之一，科研试验设施先进，专业技术力量雄厚。

（4）辽宁红沿河核电有限公司

辽宁红沿河核电有限公司由中国广核集团有限公司、中电投核电有限公司、大连市城市建设投资集团有限公司按照45∶45∶10的股比投资组建，负责辽宁红沿河核电一期工程的建设和运营。2006年8月28日，辽宁红沿河核电有限公司在大连市注册成立。辽宁红沿河核电一期工程是国家"十一五"期间首个批准开工建设的核电项目，是东北地区第一个核电站。

（5）通用技术集团大连机床有限责任公司

通用技术集团大连机床有限责任公司（简称通用技术大连机床）成立于2019年4月，隶属于国有重要骨干企业中国通用技术（集团）控股有限责任公司，前身为大连机床集团有限责任公司，是新中国机床工具行业"十八罗汉"中的"笑狮罗汉"。在汽车、轨道交通、工程机械、石油机械、矿山冶金、通信器材、职业教育等领域为全球100多个国家和地区提供优质产品服务和综合解决方案。公司成立以来，创造了新中国第一台车床、铲齿车床、多刀车床、组合机床等数十个全国第一，曾荣获中国制造业500强、中国机械工业百强、中国工业大奖表彰奖、国家技术创新示范企业、装备中国功勋企业等荣誉称号，曾在世界机床行业排名前10位。

（6）中国华录集团有限公司

中国华录集团有限公司（简称中国华录）是专业从事数字音视

频、电子信息与文化创意产业开发、生产、营销、服务及系统集成的大型企业集团，前身是1992年6月经国务院批准成立的中国华录电子有限公司。2023年11月，经报国务院批准，中国电子科技集团有限公司与中国华录集团有限公司实施重组，中国华录集团有限公司成为中国电子科技集团有限公司的控股子公司，不再作为国务院国资委履行出资人职责的企业。中国华录致力于建设世界一流科技与文化产业集团，是中宣部、科技部认定的"国家文化和科技融合示范基地"，曾多次获得中国电子信息百强企业、国家技术创新示范企业、改革开放40年中国电子行业突出贡献品牌、全国文化企业三十强、国企文化产业领导品牌等荣誉称号，拥有民族文化品牌"中国唱片（CRC）"。

（7）大连港集团有限公司

大连港集团有限公司成立于2003年4月，是政企分开后以原大连港务局为主体而组建的国有独资公司，注册资本40亿元，企业资产总额203亿元。其前身大连港始建于1899年，距今已有百余年历史。2005年11月成立大连港股份有限公司，2006年4月成功在中国香港H股上市，大连港在建立股权多元化的现代化企业方面实现了新的历史性突破。2006年，大连港集团实现货物吞吐量1.45亿吨，完成集装箱吞吐量321万标准箱。2013年，大连港货物吞吐量突破4亿吨大关，集装箱吞吐量实现1 000万标准箱，再次分别跻身世界十大港口行列和世界前二十强。在港股市场中，辽港股份（02880.HK）根据公司于2024年10月13日发布的公告，其控股股东大连港集团有限公司拟将在未来12个月内，通过允许的方式增持公司A股股份，总金额将在人民币2.5亿元至5亿元之间，2024年10月24日大连港集团有限公司已与中国银行大连市分行签署合作协议，此举标志着东北首笔股票回购增持专项贷款签约落地。

（8）中国能源建设集团鞍山铁塔有限公司

中国能源建设集团鞍山铁塔有限公司（简称中国能建鞍山铁塔公司）始建于1953年，坐落在辽宁省鞍山市，隶属中国能源建设集团有限公司，是一个综合性电力修造企业。公司主导产品35-1 000kV各电压等级输电线路铁塔，集设计、制造于一体。公司占地面积40万平方米，1973年以前是中国唯一的专业铁塔制造厂家，1987年晋升为国家二级企业，1988年主导产品35-500kV输电线路铁塔荣获国家质量奖唯一金奖。公司是国家输电线路铁塔制造技术条件GB/T 2694（2003版及之前所有版本）的起草单位，设有国家输电线路铁塔检验测度中心。

（9）中国石油化工集团有限公司抚顺石油化工研究院

中国石油化工集团有限公司抚顺石油化工研究院（以下简称抚顺石化院）成立于1953年，是中国石油化工集团有限公司的直属科研单位，是国内最早建立的石油研究机构。抚顺石化院主要从事加氢裂化催化剂及工艺技术开发；馏分油加氢精制催化剂及工艺技术开发；渣油加氢处理催化剂及工艺技术开发；石油蜡类及特种溶剂油产品加氢精制催化剂及工艺技术开发；半再生固定床催化重整催化剂及工艺技术开发；生物及化工技术开发；石化企业和油田废水、废气、废渣治理技术开发以及石油沥青、特种蜡产品生产技术开发。此外，在临氢催化基础研究和催化剂表征、临氢催化动力学及其过程模拟软件开发、原油评价、油品分析测试和石油蜡类产品标准化、计算机应用开发、科研装备开发等方面也具有雄厚的技术实力。其中，油品加氢技术是抚顺石化院的传统优势领域，其成果水平和开发能力均处于国际先进行列。

（10）中国有色集团抚顺红透山矿业有限公司

中国有色集团抚顺红透山矿业有限公司（简称中色红透山）隶属中国有色矿业集团有限公司，位于辽宁省抚顺市清原满族自治县红透山镇，总占地面积366万平方米。中色红透山是以铜精矿、锌精矿、硫精矿为主要产品的集采矿、选矿、机械加工、交通运输等综合生产能力于一体的有色金属独立工矿企业。企业先后被评为"首届全国资源合理开发利用先进矿业企业""国家级绿色矿山""中央企业思想政治工作先进单位""辽宁省高新技术企业""全国文明单位"等多项荣誉称号。

（11）本钢集团有限公司

本钢集团有限公司是新中国最早恢复生产的大型钢铁企业之一，是以钢铁和矿资源产业为基础，金融投资、贸易物流、装备制造、工业服务、城市服务等多元产业协同发展的特大型钢铁联合企业，是世界著名的"人参铁"产地。1994年，被国务院确定为全国百家现代企业制度试点单位之一。1997年，被国务院确定为全国120家大型企业集团试点单位。2021年，鞍钢本钢重组完成，本钢正式成为鞍钢集团控股二级子企业。本钢集团有限公司拥有国家级技术中心和检测中心，建有博士后科研工作站、先进汽车用钢开发与应用技术国家地方联合工程实验室等研发平台。在汽车板、高强钢、硅钢、棒线材等产品生产和研发中处于国内领先水平，形成了线材、螺纹钢、球墨铸管、特钢材、热轧板、冷轧板、镀锌板、彩涂板、不锈钢等60多个品种、7 500多个规格的产品系列，是辽宁省钢铁产业产学研创新联盟的牵头单位，是中国质量协会确定的"质量管理创新基地"，是工信部认定的"国家技术创新示范企业"和"中国工业企业品牌竞争力百强企业"。

（12）辽宁华兴机电有限公司

辽宁华兴机电有限公司1964年始建于本溪，系中国兵器工业集团有限公司所属的国有大型一类企业，后于1997年全部搬迁至辽宁省锦州市。公司设备种类齐全，技术力量雄厚，有很强的机械加工、冲压、压铸、表面处理、工模具制造、非标准制造等综合加工能力，有完善的现代分析、计量检测手段，是国家二级计量单位，辽宁省质量管理先进企业。

（13）东方国际集装箱（锦州）有限公司

东方国际集装箱（锦州）有限公司由中国远洋海运集团有限公司2005年投资开工建设，2006年7月8日建成进行试生产，2006年9月1日正式投产。工厂占地29万平方米，堆场面积为12万平方米，总建筑面积为6.2万平方米，是专业从事国际标准集装箱及各种特殊用途集装箱设计、制造和售后服务，兼营房屋箱设计与制造，环保垃圾箱、托盘、金属结构制造，非压力罐体、箱用零部件、板材预处理和钢结构件加工与销售的企业。公司拥有一条具有国际领先水平的现代化的集装箱生产流水线，设计年产能为7.5万TEU，是目前东北地区最大的集装箱制造企业。

（14）辽宁阜新发电厂

辽宁阜新发电厂是国家大型企业，是东北电网主力调峰电厂。阜新发电厂始建于1936年8月，1948年阜新解放后回到了人民的怀抱。现有机组4台，总装机容量110万kW，其中，#01、#02机组为国产

20万kW机组，#03、#04机组为国产35万kW机组。

（15）北方华锦化学工业集团有限公司

北方华锦化学工业集团有限公司（简称北方华锦）是中国兵器工业集团有限公司的下属子集团，1976年10月第一套化肥装置投产，是兵器工业集团发展军民融合型石油化工和精细化工产业的平台。现已拥有辽宁省盘锦市、辽宁省葫芦岛市、新疆维吾尔自治区库车市3个生产基地，形成了800万吨/年炼油、50万吨/年乙烯、100万吨/年道路沥青、90万吨/年润滑油基础油、132万吨/年尿素的生产规模，总资产330亿元以上、年销售收入400亿元以上。经过多年的发展，公司已经形成了石油化工、化学肥料和道路沥青三大主导产业。

（16）渤海船舶重工有限责任公司

渤海船舶重工有限责任公司（简称渤船重工），是中国船舶集团有限公司所属骨干企业之一，前身为辽宁渤海造船厂，2001年7月18日经债转股更名为渤海船舶重工有限责任公司，是我国集造船、修船、钢结构加工、大型水电设备制造为一体的大型现代化企业和国家级重大技术装备国产化研制基地。公司拥有中国最大的七跨式室内造船台、两个30万吨级船坞、15万吨级半坞式船台、5万吨级可逆双台阶注水式干船坞等国内外先进的造船设施和一流设备。

5

精准施策，辽宁央地合作仍需添火加柴

5.1 做好央地合作顶层设计

5.1.1 做实联席会议制度

辽宁省省级与市级央地合作各专班运转良好，但仅限于横向专班运转，并未形成省市上下联动，联动效果仍需进一步加强。有必要在省市工作专班基础上，建立由省市主要领导挂帅参与的联席会议制度，强化各部门的协调联动，统筹推动央地合作产业布局优化和重大政策协调。建立健全"定期性会商、清单化推进、闭环式管理"机制，实行重点项目目标管理。通过优化一个目标、完善一个机制、解决一批问题、落实一批项目、制定一套政策，推进工作项目化、项目清单化、清单责任化，明确任务书、路线图、时间表、责任人。坚持每季度召开一次调度会，听取关于对接合作项目的进展情况汇报，分析项目发展态势，协调解决主要困难和问题，提出下一步工作要求，推动形成健全的合作机制，便于通畅解决合作问题。建立央地合作项目谋划、预审、调整、退出机制，形成滚动接续的良好态势和工作闭环。健全领导干部抓落实的长效机制，成立"央地对接工作领导小组"，进一步明确任务，落实工作责任，实行"一项任务、一位领导、一个专班、一套机制、一抓到底"的上下联动、左右配合的高效运作机制，推动央地合作工作形成合力。

5.1.2　编制专项行动计划

辽宁省虽然在央地合作方面取得可喜成绩，但存在不系统、碎片化等现象，尚未形成全省央地合作"一盘棋"。对此，辽宁省应尽快出台央地合作专项行动计划，坚持规划引领，明晰央地合作总体思路、规划蓝图、发展原则、任务清单与统筹推进机制等。通过制度集成创新出台各类配套举措，全面构建央地合作政策体系、支持体系、赋能体系，清晰界定政府各部门职责，形成全省统一的行动纲领，科学、有序、全面推进辽宁省央地合作工作。敦促省级部门与各市细化专项方案，细化政策支持，指导和推动各地央地合作工作的具体路线图，明确央地合作目标及推进步骤。特别是，要加强央企和地方在"十四五"规划上的紧密衔接、与未来"十五五"规划紧密对接，深化前瞻性共建合作，打造机制稳定、沟通顺畅、项目相连、业务相通、股权相联、发展相融的合作发展共同体。

5.1.3　建立督查考评机制

构建辽宁省央地合作进展的动态监测评价指标，将评价指标同全省央地合作工作、重点项目建设整体发展相结合，分析关键指标完成率，动态反映央地合作进展。通过与兄弟省市对比分析，明晰辽宁省央地合作的优势与问题，使之成为辽宁省央地合作工作的"晴雨表"。积极推进和评估辽宁省央地合作进程与发展成效，将专项行动计划进展落实情况、中央企业合作绩效，一并列入省级相关职能部门与各级政府年度考核，作为评价年度工作的一项重要指标，逐条逐项明确完成标准和具体时限，强化季度考评，全程跟进监督。未完成年度目标任务的部门，要向省委省政府主要领导进行专题汇报，分析原因。学习央地合作代表省市的优秀经验，并提出整改措施；对推进中央企业合作作出突出贡献的单位和个人应予以表彰和奖励。

5.1.4　建立利益共享机制

中央企业投资项目多出于自身战略扩张需要，加之中央企业下属子公司或研究院自主权不高，存在不顾及区域地方经济发展的现象，难以真正实现与地方协作发展。以辽宁抚顺为例，投资数百亿元的抚顺石化百万吨乙烯项目早在 2009 年开工建设时，就同步规划了承接其产品的下游化工产业，但项目投产后，主要产品被中石油统一调配出去，留给本地加工的只有小部分副产品，对当地产业结构升级效力不大。再如，中国中车旗下的大连机车、沈阳机车、大连电牵在技术、资金、市场等方面较为封闭，较少主动与本地中小企业合作，也不掌握本地中小企业在新技术、新产品、专业人才等方面的储备情况。与此同时，央地合作项目资金下达过程较慢，资金利用率不高，资金投产效益较低，带来如招商局集团整合辽宁港口项目后期问题较明显，整体市值低迷，每股收益（EPS）偏低的不良结果。调研还发现，已确定的央地合作项目中，部分项目资金到位率不高，少数央企只是象征性投放一点前期资金。如何协调好双方利益关系实现互惠互利，是央地合作要解决的首要问题。央地合作不仅是企业之间的利益协调，还涉及中央与地方之间的利益协调，双方需要照顾彼此核心关切，构建有效的利益共享机制，实现合作共赢。

为充分发挥央企对地方企业的带动与帮扶作用，健全辽宁省与中央企业政府部门合作对接界面，建议由政府委托地方国资委牵头，结

合招商引资、引企入辽工作进展，每年向中央定点帮扶企业集团积极
开展对接工作，寻求中央企业对辽宁国企的帮助，加大对辽宁省的投
资力度，促进中央定点帮扶企业集团及下属单位和辽宁省国资委、下
属省管企业达成战略协议。努力做好"向上对接"和"实地对接"，
加强与中央定点帮扶办以及帮扶工作队的联系对接，及时了解掌握和
帮助处理中央定点企业困难推进工作过程中存在的问题。建议辽宁省
每季度对设立的"项目清单""需求清单""问题清单"各调度一次。
通过"项目清单"调度，做好中央企业定点帮扶项目实施的协调服
务，推动受帮扶企业按计划推进项目实施，全力保障帮扶项目落地见
效；了解中央定点帮扶企业资金投入及资金使用情况，与中央企业定
点帮扶工作队共同做好有关扶贫项目资产管理工作。通过"需求清
单"调度，了解定点帮扶企业发展需求、中央企业可给予的帮扶资
源，充分沟通研判，帮助争取中央定点企业更大力度的扶持。通过
"问题清单"调度，有的放矢地进行向上对接、向下沟通，及时帮助
解决定点帮扶企业存在的问题，促进受帮扶企业发展。

5.1.5　健全重大政策落地评估机制

　　建立健全重大政策落地评估体系及相关制度，发扬"一张蓝图绘
到底"的精神，保证央地合作政策持续有效落地，解决现有重大政策
落地不系统、央地合作推进不连续的问题。要建立健全政策落地评估
制度，强化对政策落地评估的组织和管理以及组织制度建设，建立完
善的第三方政策落地评估制度，保证政策落地评估工作的独立性和客
观性。实现社会公众参与重大政策落地评估，提高政策落地评估的公
正性和科学性。注重政策落地评估结果的应用和反馈，建立重大政策

落地评估反馈机制，明确评估过程中的责任与义务，将评估结果与相关部门绩效水平挂钩。

5.2 努力争取央地合作机会

5.2.1 拓宽央地对接广度和深度

截至 2022 年底，辽宁全省企业为 123.07 万户，比上年同期增长6.17%，企业总量位列全国第 16 位、同比增速位列全国第 26 位。其中，企业法人单位总数为 715 559 个，国有控股企业法人单位数为12 208 个，私人控股企业法人单位数为 667 210 个，外商控股企业法人单位数 3 455 个。上述市场主体涵盖了国民经济行业分类 41 个工业大类中的 40 个工业大类，207 个工业中类中的 197 个工业中类，666个工业小类中的 519 个工业小类，工业门类齐全、体系完备，特别是装备制造、石油化工、冶金、航空航海等产业，在国家产业布局中占有重要位置，历史积淀厚重，产业特征鲜明，与央企进行合作具有广阔的空间。

辽宁省应围绕推进科技创新深化合作，集聚科研、人才等优质创新资源，联合开展关键核心技术攻关，推动更多科技成果在辽转化，鼓励中央企业积极参与全国重点实验室、技术创新中心、区域科技创新中心建设。立足主业实业，进一步深化与中央企业的产业合作，绘制驻辽央企产业地图，梳理供应链图谱，衔接央企布局，深入开展"一对一"央地国企全方位帮扶合作，推动重点合作项目尽快落地，同步推动"一对一"合作帮扶，开展资本、技术和管理合作。鼓励中央企业积极参与辽宁先进装备制造、石化和精细化工、冶金新材料产业基地建设，加大集成电路、新材料、清洁能源、生物医药、节能环保等新兴产业布局力度，推进在辽钢铁、石化等企业绿色化改造，做好结构调整的"三篇大文章"。与此同时，围绕地方经济社会发展重点，挖掘新合作点，拓展技术、产业、资本、市场等多层次、多元化合作，推动更多战略性新兴产业、研发中心、企业总部和重大工程、重大项目在地方布局。

5.2.2　争取中央企业入辽发展

（1）争取央企总部入辽

辽宁省央地合作大多集中于项目合作、混改等领域，中央企业总部资源严重不足。截至2024年3月，国资委监管的97家产业类央企总部有69家位于北京；3家位于雄安新区，且陆续有中央企业总部迁至雄安；6家位于上海；深圳、中国香港、武汉分别各有3家；2家位于广州；中国澳门、长春、齐齐哈尔、哈尔滨、成都、鞍山、赣州各有1家，辽宁省仅1家（鞍钢）。相较于哈尔滨市的哈尔滨电气集团有限公司、长春市的中国第一汽车集团有限公司，沈阳作为重要的区域大都市却未能抢占第一轮"中央企业总部搬迁"的机遇，央企总部严重匮乏，导致其作为领头城市无法从央企总部汲取更多发展牵引力。

从产业领域来看，剩余69家驻京央企总部涉及核工业、航天航空、装备制造、军工、能源、通信、农林牧渔、建筑、工程建筑、矿业金属、民航、资产管理、认证、人力资源、医药、物流共16个领域。辽宁省争取剩余在京央企总部资格不占优势，原因包括：第一，资源领域欠缺。辽宁省缺少盐业、铝业、贵金属等资源，虽然有红沿河核电站和葫芦岛的基地，但与核产业集聚的四川相比，并不适合争取此领域央企进驻。第二，虽有资源但优势不明显。在农林牧渔领域，粮油的加工、收储都有比辽宁省更合适的省份，渔业较之山东、福建更是有较大差距；能源、通信产业布局在华北、华中更为合适。第三，有部分优势领域。在民航方面，相比上海、广州、西安等地并不占优势；在物流方面，辽宁省各市，如沈阳、大连等地只有区域优势，与武汉、郑州等枢纽城市存在差距；在医药、人力资源、认证等领域同样如此；在资产管理方面，虽然沈阳有同上海陆家嘴一样的金融开发区，但发展差距较大，且资产管理领域中金融只是其一，其他方面沈阳仍有短板。

但是，沈阳在部分领域优势较显著，能够吸引央企总部落地。在航天航空领域，沈阳航发、燃气轮机实力强劲，可争取中国航空发动机集团进驻沈阳。国机集团在机械装备研发制造、工程、贸易方面是强项，覆盖领域包括工业、农业、交通、能源、建筑、轻工、汽车、船舶、矿山、冶金、航空航天等，与沈阳较为适配。如果国机集团可以入驻沈阳，能进一步推动沈阳优势产业，弥补沈阳产业短板，激活沈阳的"头部"效应。矿产资源是辽宁省的传统优势，包含110多种矿产，五大门类矿产齐全，储量较多，与河北、江西等矿产大省相比也不逊色，可以尽力争取矿业、冶金领域央企。

对总部有机会入驻辽宁省的央企，辽宁省应高度重视、积极争取，由国务院国资委与地方国资委分别作为中央部委与地方政府的合作牵头机构，共同形成对接机制，定大盘、梳线条、理格局、谋产业。当前，第二批中央企业离开首都启动，68家中央企业名单在列，辽宁省要积极向国家争取央企总部设在辽宁，缓解中央企业总部资源严重不足的局面，弥补辽宁省现代装备制造业基地地位名不副实的缺陷。辽宁省在航空、金属、材料、冶金、集成电路、机器人等产业领域实力雄厚，建议重点关注中国航空工业集团、中国航空发动机集团、中国机械工业集团、中粮集团，促成央企总部落户辽宁或在辽设立区域总部，同时积极争取矿冶科技集团、有研、钢研、有色矿业、冶金地质局。通过争取央企落户，带动地方投资增长和经济规模扩大，布局现代产业体系，促进科技创新，培育未来发展动力。

（2）争取央企在辽设立子公司或分公司

与发达省份相比，央企在辽设立子公司或分公司数目相对较少。面向未来，建议辽宁省出台相关政策，在项目谋划上创新挖潜、在审批核准上靠前服务、在资金支持上多措并举、在项目落地上主动作为，在新业务、新方向、新兴产业下深功夫，争取更多央企在辽设立子（分）公司。尽快着手谋划、争取、对接第二批在京央企二、三级子公司或创新业务板块的疏解转移，吸引央企围绕稳存量、扩增量深化合作，进一步扩大在辽有效投资，把资源优势转化为产业优势、发展优势。要围绕拉长产业链条、调整产业结构、推进科技创新深化合作，携手打造央地合作新典范，与辽宁省存续企业建立长期合作伙伴关系，共同培育形成新质生产力，助力辽宁打好打赢攻坚之年攻坚之战，为实现东北振兴添砖加瓦。

5.2.3 鼓励央地双向交流挂职

央地双向交流挂职意在打造央地深度交流合作和年轻干部培养锻

炼双平台，特别是鼓励央企专业技术和管理人才按规定在地方兼职兼薪、按劳取酬，推动地方经济发展质量和干部能力素质双提升。首先，找准市县、省直部门、省管企业与中央企业在项目共建、产业协同、优势互补、科技创新等方面的着力点和结合点，采取"点单式"择优选派干部在辽宁省发展急需的新材料、精细化工、高端装备制造、集成电路装备和工业基础软件等领域挂职。其次，按照"缺什么、补什么"原则，定向定岗开展干部培养锻炼。最后，发挥挂职干部宣传、推介、联络纽带作用，在资源共享、产业对接等方面牵线搭桥，建立央地对接合作的新路径新平台，为辽宁省和中央企业拓展合作领域、创新合作方式、释放合作潜能提供有力支撑（吉组轩，2022）。

5.2.4　注重融合前"瘦身健体"

地方国企、民营企业与中央企业体制机制差异较大。辽宁省部分国企仍有问题尚未完全解决，历史遗留问题尚待收尾：业务庞杂，主责主业不突出；兼顾为地方融资的任务，财务负担沉重；领导层与地方政府之间盘根错节等。上述问题不仅阻碍央地合作实施，还将严重影响融合之后的整合效果。对此，建议辽宁省在央地融合前协同地方政府对地方国企开展"瘦身健体"，通过分离移交、改制划转等手段，剥离"两非""两资"，推动解决历史遗留问题，处理好关键岗位的人事调整和人员安置。以鞍本融合为例，融合前，本钢与本溪市政府在企业托管、集体改制企业无偿划转等方面达成协议，本钢员工的养老、医疗等安置费用获得地方财政支持，确保轻装上阵，为融合清理障碍、奠定了基础。

5.3　推动央地集群化发展

5.3.1　开展延链补链强链行动

辽宁省政府要围绕拉长产业链条深化合作，强化头部企业辐射带动作用，做好延链、补链、强链，做到产业链自主可控，推动"链长"企业与上下游企业协同发展，实现产业链现代化。开展延链、补链、强链专项行动，发挥中央企业优势，推动辽宁省的创新链、产业链、供应链、要素链、制度链共生耦合。增强产业链的韧性和安全水平，提升辽宁传统产业发展质量、培育壮大新兴产业、谋篇布局未来产业。特别注意，一定要围绕实体经济和战略性新兴产业需求及辽宁省各市特色产业，统筹招商机制，精准对接项目。本着"一盘棋"的思想进行引进和筛选，在项目上下深功夫，实现重点性推动，确保中央企业对辽宁省的产业发展产生实质性领导力和牵引力。要扎实推进"科改行动"和"双百行动"两大国有企业改革专项工程，做好顶层设计，从专业化整合、融资上市、激励机制等方面对中央企业布局战略性新兴产业给予高度支持，助力中央企业勇当原创技术的"策源地"和现代产业链的"链长"，带动地方经济发展。

在具体措施方面，建议辽宁省着重加强产业链精准招商，着力引进强链、补链、延链项目。将央企拓展市场、完善布局的发展战略与地方比较优势相结合，找准项目合作契合点，制定招商引资重点产业指导目录；完善重大项目库、重点企业库、重要产品库，深化与重点央企合作；加强招商项目跟踪服务，建立月度信息台账，实施动态管理，按照"动态增补、有进有出"的要求持续优化更新项目库；健全招商引资效果评价和投诉服务机制；围绕堵点、断点，着力优化产业配套半径，建立龙头企业配套备选清单，促进上下游、产供销、大中小企业协同发展；打造央企创新服务平台，聚焦创新发展关键环节，瞄准人才、市场等方面需求，补齐产品经理、投资顾问、中介服务等创新要素，提高全产业链创新服务能力；建立健全技术、物流、金融等服务平台，解决好产业链环节缺失、链条衔接不畅等突出问题；鼓励中小微企业围绕央企生产需求，配套发展下游、终端产品，提升协作配套水平。

5.3.2 瞄准战略性新兴产业

辽宁省应借鉴发达省区经验，创新招商引资模式，发挥已签约组建的辽宁振兴发展基金的作用，积极布局前瞻性战略性新兴产业。重视当地的中央企业投资项目，以及地方政府可以独立运行的中央企业资源，推动当地产业结构调整与升级，促进地方的产业创新发展。围绕实体经济发展和产业结构调整深化合作，在辽布局战略性新兴产业，重点关注新一代信息技术、高端装备、生物医药、新材料、绿色低碳产业等优势产业，积极培育孵化未来产业，打造一批由在辽中央企业引领的先进产业集群，努力实现"引进一个龙头企业、带动一批企业、形成一个产业集群"的发展模式，加快培育新质生产力，掌握未来竞争的主动权。辽宁省应继续做好结构调整"三篇大文章"，推动优势产业转型升级，以科技创新推动产业创新，培育壮大战略性新兴产业，前瞻布局未来产业，积极培育新质生产力，加快构建具有辽宁特色优势的现代化产业体系。

5.4 构建央地合作新机制

5.4.1 发挥国有资本投资、运营公司的作用

国有资本投资、运营公司（以下简称两类公司）是国有资本流动重组、布局调整的有效平台。应积极吸引两类公司通过基金投资、股权运作、资产管理等方式参与央地合作，充分发挥其专业优势和平台优势。一是资产管理优势。两类公司拥有专业性资产管理处置平台，对于央地合作过程中剥离的"两非""两资"资产，可交由两类公司处置优化，有效盘活中央企业依靠自身难以清退处置的资产业务。二是公司治理优势。两类公司可作为战略投资者参与央地合作，发挥积极的股东作用。通过构建多元治理格局，为优化融合后的公司治理机制和决策机制奠定基础。三是投后赋能优势。两类公司是实体产业和资本市场的桥梁，能够在重组整合中依托资本纽带发挥资源链接作用，构建投后赋能生态圈，打通产业链、供应链堵点卡点，促进产融结合。在鞍本融合示范案例中，鞍钢集团引入中国诚通控股集团有限公司和中国国新控股有限责任公司两家国有资本运营公司，实现集团层面股权多元化。中国诚通控股集团有限公司和中国国新控股有限责任公司通过现金出资，分别派驻1名董事，在充实鞍钢资本实力的同时，发挥多元股东治理优势，进一步提升了鞍钢治理效能和资本运营能力，为鞍本融合后高质量发展提供了有效支撑。

5.4.2　推广产业园区开发模式

辽宁省应坚持、推广与创新"中国航发黎明与沈阳航空产业集团共建沈阳航空动力产业园，打造央地合作共建现代化产业园区、先进制造业产业集群"的新模式，通过深化合作、成立服务专班、撬动优质社会资本，有效提高头部企业本地配套率、培育产业集群，保障产业链、供应链安全。辽宁省应积极借鉴类似成功案例，鼓励支持该模式在全省范围内复制推广。以辽宁省政府为后盾，开展政策、资金、服务三重赋能，比如建立奖励资金政策和人才引流政策，创新高位引领机制，做好服务保障；以中央企业为链长，以需求为导向，以空间上高度集聚、上下游紧密协同为招商模式，精准招引企业；地方企业筹资金，金融创新撬动优质资本，促使央地共建项目高效落地。

5.4.3　建立社会资本参与机制

央地合作不限于国有经济内部，辽宁省应立足于构建现代化产业体系的高度，注重通过市场化方式吸引包括民营资本在内的各类社会资本共同参与，在更大范围内实现资源优化配置，为重组后企业优化治理结构、转换经营机制提供助益。在鞍本重组示范案例中，本钢通过完全市场化方式，引入发展战略、能力优势和资源要素高度匹配的民营钢铁企业北京建龙重工集团有限公司作为战略投资者。本钢得到了资本增量和资源增量，建龙集团持股5%且获得1个董事席位，真正参与公司治理。通过引入民营资本，在"混资本"的同时实现"转机制"，切实将制度优势转化为治理效能。

5.5 打造协同创新生态系统

5.5.1 建设协作创新体系

辽宁省一方面要积极向国家争取政策支持，另一方面要加强中央企业与省市科技计划衔接，加大对拥有国家级和省级重点实验室、技术创新中心、工程实验室、工程技术研究中心、国际科技合作基地、企业技术中心的驻辽中央企业的政策扶持和资金补助力度。以头部企业为核心，组建一批体系化、任务型、开放式的科技创新联合体，强化优势互补，探索形成"融合发展、创新示范"、龙头企业带动中小企业、政府完善要素配套的良好创新生态。鼓励具备条件的地方企业参加中央企业创新联合体，参与中央企业国家实验室科研项目，聚焦卡点、突出重点，尽快实现一批关键核心技术的突破。将基础研究类平台与高校院所进行利益捆绑，发展"事业合伙人"伙伴关系。吸引央企主导的创新平台驻辽，鼓励国家级创新平台在各市设立分支机构。利用平台汇聚科技资源，共同发挥作用，以此助推央地产学研深度融合。注重加强辽宁与中央企业之间的技术协同创新和技术扩散，充分发挥辽宁产业技术进步的引领带头作用，强化科技成果中间实验、应用开发和转化，促进技术创新。支持中央企业与辽宁省市科技计划衔接，探索成立重点产业细分领域央地企业创新联盟，实施关键核心技术攻坚和重大科技成果转化项目，强化底层技术和共性技术支撑，培育辽宁发展新动能，打造先进制造业、现代服务业、战略性新兴产业集群，开创发展新局面。

5.5.2 营造优质营商环境

（1）完善营商环境制度体系

打造更加高效透明的政务环境、竞争有序的市场环境、开放包容的投资环境、活力迸发的创意环境、公平公正的法治环境，对合作项目在规划、用地、环保、资金等方面给予更多支持。辽宁省政府要在环境营造、要素保障、政务服务等方面做好靠前服务，做到"一企一策""一事一议"，以"有呼必应、无事不扰"的作风，赢得中央企业的长久青睐。以"整体规划、分步实施、小步快跑、过程优化"的工作方针推动合作项目稳步实施；围绕共性、个性问题，出政策、建机制，精准解决好企业人才、资金、土地、电力等要素保障问题；实施项目精准服务，优化投资软、硬环境，对预审符合立项条件的项目，简化审批环节，开通绿色审批通道，缩短项目获批时间。对因前期手续办理影响开工的项目，可实行容缺审批，先开工后依规补齐相关资料，加速项目落地。

（2）建立完善央企服务工作机制

不断深化"放管服"改革，定期梳理汇总中央企业在辽发展中遇到的各类问题，向有关部门反映，与政府和省属企业一起为中央企业的合作深化及项目落地做好服务。辽宁省政府还需进一步加强营商环境执法，提升执法质效、完善执法程序，强化行政执法监督机制和能力建设，严肃查处执法不力、推诿扯皮、效率低等问题，坚决消除各种妨碍生产经营活动开展的执法"潜规则"和隐性障碍，切实保护各类经营主体合法权益。

（3）实施项目动态管理

继续完善重点驻辽央企信息库、央企在辽重点项目库和驻辽央企重大服务事项清单。制订年度对接项目推进工作计划，建立中央企业对接合作项目全程跟踪服务制度，做到"引进前"注重协商和交流互动，"引进中"注重谋划和解决问题，"引进后"总结经验和反思教训。按照对接项目的工作进度，可以将对接项目分为基本建成项目、开工建设项目和开展前期项目，进行分类管理和跟踪服务。建立央地合作项目谋划、预审、调整、退出机制，形成滚动接续的良好态势和工作闭环。

5.5.3　塑造央地合作文化

辽宁省要努力营造和谐美好的央地合作文化氛围。通过深化体制机制改革，统筹好央地合作文化理念的设计、价值的引导等制度安排，激发央地合作意识，优化央地合作环境，坚持正确的合作理念，选择志同道合的合作伙伴，做到互惠共赢、以诚相待、以德相辅、以法相约。建立健全激发合作意识和价值共创的城市精神体系，积极推动"合作文化+"战略，打造"合作文化+"梯次格局，助力打造辽宁省协同创新生态系统，加快推进辽宁省央地合作进程。与此同时，充分整合电台、报纸、微博、微信等各类新闻媒介，传播独具特色的央地合作文化、商业氛围、政策环境优势等，吸引更多商业资源。注重媒体流量尤其是自媒体流量，利用好抖音、快手等广大民众喜爱的新传播媒介，以恰当的方式将央地合作文化引流到新的传播方式中，策划和打造爆款IP，迅速打开央地合作文化推广新局面。此外，要具有产业链思维，将央地合作文化以纪录片、电影、电视剧甚至漫画等形式留存并宣传，使央地合作文化影响力持续发酵。

［1］安仲生．十年铸"旗舰"［N］．中国有色金属报，2004-08-01（3）．

［2］方亮，王奇．郝鹏李乐成会见中国一汽集团董事长邱现东深化央地合作区域协同产业协同 携手推动东北汽车工业高质量发展［N］．辽宁日报．2023-12-10（1）．

［3］董香书，肖翔．"振兴东北老工业基地"有利于产值还是利润？——来自中国工业企业数据的证据［J］．管理世界，2017（7）：24-34．

［4］方亮，王奇，史冬柏．扎实推进项目落实 不断拓展合作领域 携手打造央地合作新样板新典范［N］．辽宁日报，2023-09-28（1）．

［5］管云．央企所能 贵州所需——央地合作共促贵州发展实现新跨越［J］．当代贵州，2023（21）：40-41．

［6］郝迎灿．辽宁装备制造业着力转型升级［N］．人民日报，2023-10-24（15）．

［7］黄超．推动优势融合 实现携手共赢［N］．沈阳日报，2023-

11-17（2）.

[8] 吉组轩. 吉林省：开展年轻干部"三个一批"央地双向交流挂职 实职实责 共享共赢 [N]. 中国组织人事报，2022-12-05（1）.

[9] 江文阳，石安琪，闫琨. 核电企业践行央地融合发展的实践与启示 [J]. 企业文明，2023（12）：109-110.

[10] 蒋波. 深化央地合作 实现共赢发展 [N]. 经济日报，2023-11-22（3）.

[11] 蒋为民. 一以贯之抓落实 助推高质量发展 [N]. 中国市场监管报，2022-03-22（8）.

[12] 金观平. 融合央地优势携手共赢 [N]. 经济日报，2023-09-17（1）.

[13] 金晓玲. 沈阳21个央地合作项目集中签约 [N]. 辽宁日报，2023-12-21（2）.

[14] 李怀. "东北现象"：问题的实质与根源 [J]. 管理世界，2000（4）：206-207.

[15] 李锦. 当前国企改革重点是服务国家战略的功能性改革 [J]. 现代国企研究，2023（11）：36-43.

[16] 李锦. 央企并购地方国企步入加速阶段 [N]. 中国证券报，2019-09-07（4）.

[17] 李立娟. 多地探讨央地协同发展新模式 [N]. 法治日报，2023-04-07（7）.

[18] 辽宁省人民政府办公厅. 辽宁省人民政府办公厅关于印发辽宁省支持文旅产业高质量发展若干政策措施的通知 [J]. 辽宁省人民政府公报，2023（23）：2-7.

［19］刘成友，胡婧怡．央地合作 开创辽宁振兴发展新局面
［N］．人民日报，2024-03-19（1）．

［20］刘成友，刘佳华．辽宁推动产业集群高质量发展［N］．人民日报，2024-01-07（1）．

［21］孟圆．请到天涯海角来 央地合作谱新篇［J］．国资报告，2023（3）：118-120．

［22］任腾飞．2019年地方国资国企工作呈现五大亮点［J］．国资报告，2020（3）：84-88．

［23］邵祥东，李飞．辽宁省区块链产业发展现状、问题及对策
［J］．辽宁行政学院学报，2023（1）：63-68．

［24］孙潜彤．辽宁丹东加快布局海上风电工程大项目［N］．经济日报，2024-03-31（7）．

［25］唐佳丽．改革纵深推进 振兴"龙头"高昂［N］．辽宁日报，2024-07-13（1）．

［26］唐佳丽．一季度全省地区生产总值同比增长4.7% 经济运行呈现企稳回升整体向好态势［J］．共产党员，2023（10）：13-15．

［27］唐佳丽．深化央地合作：实现振兴新突破的关键之举
［N］．辽宁日报，2023-04-17（6）．

［28］唐佳丽．央地合作成果显著 国企改革蹄疾步稳［N］．辽宁日报，2023-12-06（1）．

［29］田锦凡，温智然．第四期：数字经济抢新机［N］．贵州政协报，2022-01-23（A4）．

［30］田鹏颖，刘颖晴．打造新时代"六地"的时代背景、深厚底蕴和基本要求［J］．共产党员（辽宁），2024（1）：22-23．

［31］王飞，韩晓媛，陈瑞华．新质生产力赋能现代化产业体系：内在逻辑与实现路径［J］．当代经济管理，2024（7）：12-19．

［32］王海涛．朝阳：奋力书写央地合作大文章［N］．辽宁日报，2023-06-13（1）．

［33］王希．国企重组整合步入活跃期，哪些领域值得期待？［N］．新华每日电讯，2023-02-02（3）．

［34］锡复春，胡惟瑜．"1天6波客人"：央企与青岛来往更热络［N］．青岛日报，2021-08-04（1）．

［35］杨铁军．金融服务数字辽宁建设新思考［J］．民心，2023（7）：1-1．

［36］杨耀源．"双循环"新发展格局下推进西部陆海贸易新通道高质量发展的关键路径［J］．商业经济研究，2021（7）：145-150．

［37］杨政．优化总部功能，助力海南自贸港建设［J］．企业管理，2022（2）：120-122．

［38］于也童，刘艺淳．双向奔赴 沈阳打造央地合作新样板［N］．经济参考报，2024-01-22（6）．

［39］肖婷，苏铮．坚持科技自立自强 推动高端装备制造业创新发展［N］．人民日报，2021-09-03．

［40］袁燕，刘苏颉．生态文明之光照耀美丽贵州——贵州生态文明建设的生动实践［J］．当代贵州，2021（28）：8-11．

［41］袁子恒，田春，代子阔．辽宁：走稳走好争先晋位步伐［J］．国家电网，2023（5）：40-41．

［42］张进铭．论中国经济发展中的政府主导及其弊端［J］．经济评论，2007（6）：55-59；77．

［43］张欣. 深入推进央地重组整合 加快构建国有经济"一盘棋"新格局［J］. 国有资产管理，2023（8）：27-30.

［44］张玉卓. 推动国有企业在建设现代化产业体系、构建新发展格局中发挥更大作用［J］. 国有资产管理，2023（11）：4-6.

［45］赵婷婷. 共谋振兴新突破 央地携手向未来［N］. 辽宁日报，2023-03-09（4）.

［46］赵婷婷. 聚焦"双碳""双控"目标 打造央地合作新样板［N］. 辽宁日报，2023-10-07（1）.

［47］赵婷婷. 我省今年将继续深化建筑业央地合作：多家建筑业央企计划在辽设立子公司［N］. 辽宁日报，2024-03-26（1）.

［48］中国投资协会国有投资公司专业委员会. 充分发挥国有投资公司作用 推进发展新质生产力［J］. 国资报告，2024（3）：78-81.

［49］周文，许凌云. 论新质生产力：内涵特征与重要着力点［J］. 改革，2023（10）：1-13.

索 引

中央企业—2-7，9，10，13，16-19，22，23，25-28，33-35，37-
　　40，43，44，46-48，51-57，59，62，64，65，67，68，70，
　　73-76，78，97-100，102-105，108，116，118，120，122，
　　133，138，142-146，151，154，160，165-179

营商环境—18，19，34，35，50，51，57，58，73，127，178

高质量发展—3，4，7-9，12，13，15，16，18，19，23，34，37，
　　38，41，42，48，49，52，54，56，58，61，65-68，73，75，
　　76，95，102，104，111，114，120，121，123，125，132，
　　136，138，139，175

新兴产业—4，5，17，25，28，29，32，37-40，49，60，61，95，
　　97，111，115，116，122，132-134，139，169，171，173，
　　174，178

产业布局—5，28，37，38，49，61，89，93，97，101，109，110，
　　118，133，143，164，168-170

产业集群—13，25，28，39，40，43，49，61，64，65，87，111，
　　127，145，174，176，178

合作项目—19，20，24-28，31-34，38，40，43，53，56，60，70，

　　73，74，85，87，93，110，117，129，138，144，164，166，

　　168，178，179

国民经济—2，3，7-10，14，17，88，94，108-110，129，133，

　　136，138，168

国家战略—3，6，9，13，15，16，25，37，61，70，84，87，88，

　　104，115，131